论人的本性
ON HUMAN NATURE

[美]爱德华·O·威尔逊 著
胡婧 译

新华出版社

图书在版编目（CIP）数据

论人的本性 / (美) 威尔逊著；胡婧译. -- 北京：新华出版社, 2015.9
书名原文: On Human Nature
ISBN 978-7-5166-2070-0

Ⅰ.①论… Ⅱ.①威…②胡… Ⅲ.①人性论 Ⅳ.①B82-061

中国版本图书馆CIP数据核字(2015)第232573号
著作权合同登记号：01-2019-7700

On Human Nature: Revised Edition by Edward O. Wilson
Copyright © 1978, 2004 by the President and Fellows of Harvard College
Published by arrangement with Harper Collins Publishers, USA
through Bardon-Chinese Media Agency
Simplified Chinese Translation Copyright © 2015 by Xinhua Publishing House
ALL RIGHTS RESERVED
中文简体字专有出版权属新华社出版社

论人的本性

作　　者：	[美] 爱德华·O·威尔逊	译　　者：	胡婧
责任编辑：	黄绪国	责任校对：	刘保利
责任印制：	廖成华	封面设计：	图鸦文化

出版发行：	新华出版社		
地　　址：	北京石景山区京原路8号	邮　　编：	100040
网　　址：	http://www.xinhuapub.com		
经　　销：	新华书店		
购书热线：	010 - 63077122	中国新闻书店购书热线：	010 - 63072012
照　　排：	图鸦文化		
印　　刷：	三河市君旺印务有限公司		
成品尺寸：	145mm×210mm　1/32		
印　　张：	7.75	字　　数：	180千字
版　　次：	2015年9月第一版	印　　次：	2025年2月第六次印刷
书　　号：	ISBN 978-7-5166-2070-0		
定　　价：	39.00元		

版权专有，侵权必究。如有质量问题，请与出版社联系调换：010-63077101

虽则有关人性的推论貌似抽象且晦涩，但决不能据此以为它们是虚假的。相反，令无数睿智过人、思想深刻的哲学家迄今仍捉摸不定的东西，似乎不可能是一目了然、容易把握的。这些研究，无论给我们带来怎样的磨难，倘若能够在这些重要性不言而喻的问题上增进我们的认识，我们便可以认为自己的努力没有白费，且其乐无穷。

休谟（David Hume）
《人类理智研究》（An Inquiry Concerning Human Understanding）

目 录
CONTENTS

2004 年版序言 …………………………………………… 1

初版序言 ………………………………………………… 11

第一章　困境 …………………………………………… 1

第二章　遗传 …………………………………………… 15

第三章　发育 …………………………………………… 53

第四章　形成 …………………………………………… 71

第五章　攻击 …………………………………………… 99

第六章　性 ……………………………………………… 121

第七章　利他行为……………………………………… 149

第八章　宗教…………………………………………… 171

第九章　希望…………………………………………… 197

术语表…………………………………………………… 214

附录　爱德华·O·威尔逊著作目录………………… 225

2004年版序言

还有比人性更重要的课题吗？如果我们能够真正了解这个课题，那么人类和人类行为也许就会得到更准确、更明智的引导。在20世纪70年代我写《论人的本性》这本书的时候，西方思想是以两个有关人类处境的观念为主导的。神学家以及亚伯拉罕诸教最自由的信徒认为人类是禁锢在动物躯壳里的黑暗天使，等待着救赎和永生。在他们看来，人的本性中有善恶两种倾向，我们必须借助古代中东先知的著述将它们区分开来。

与此相反，大多数有宗教倾向或无宗教倾向的知识分子质疑是否存在人性。在他们看来，人脑是一块白板或是由几种基本的感情驱动的机器，再要么是用个人经历和学习构筑心灵的全能计算机。20世纪70年代的大多数知识分子认为文化是累积习得的有关环境和历史偶然性的知识。

而另一种自然主义的观点则得到越来越多的认同。这个观点还未成熟，它认为大脑和心灵原本是纯生物性的，它们在自然选择中得以进化，已经高度组织化。人性是存在的，它是由复杂的情感趋向和学习倾向组成的，这两者通常被笼统地称为本能。从旧石器时代的采猎社会开始，人类本能的形成已经过数百万年的时间，因此它依然带有人类这一物种生物性的古老印记。我们唯有借助科学的方法才能最终了解人性。正如常识所说的，环境和历史偶然性会推动文化进化，但是与生俱来的人性趋向会强有力地引导文化进化的轨迹。这一观点被社会生物学这门新学科（后来更名为进化生物学，研究的是人类在身体及社会环境改变时所做的心理调适。但社会生物学这一名称仍有使用）所采纳。

人类社会生物学提出几个问题：人类的本能有哪些？这些本能是如何组合在一起构成人性的？到了20世纪70年代，这些重要而古老的问题已被当做生物学问题予以解答了。需要特别指出的是，这两个问题分别属于生物学中两个完全不同但又有潜在联系的两门学科，但人们从未认真区分过。这两门学科分别是神经科学和进化生物学，前者可用来解释心灵是什么以及大脑如何创造心灵，后者可用来解释大脑为何以它特有的方式工作，而不以我们可以想象出的其他方式工作。概括地说，在我和其他几个人看来，在现在这个阶段，只有当科学解释涵盖了大脑运作的方式（神经科学）和原因（进化生物学）时，才能解决人性这一复杂难题。

关于人性的自然主义观点还有更多的问题要问。人们可能具有本能，而且人们可能会慢慢深入了解这些本能，但是这些心理发展过程中的趋向到底是以什么方式形成文化的呢？这个问题比大多数人想象的还要深刻。如果文化在生物性人性的影响下历经了几千年的进化,那么人性至少也历经了几十万年的进化,在此过程中,现代人种及其属于人属(genus Homo)的直系祖先形成群落、获取火种、发明工具、完善语言,正因如此,地球上广袤的大陆和群岛上也出现了智慧的人类。基因和文化的协同进化(即两种进化互相促进)是势在必行的。但是迄今为止我们对基因和文化协同进化的具体运作方式所知甚少。

《论人的本性》探讨了所有这些问题。新的版本在内容上没有变化。为了给读者提供更全面的背景资料,我想我有必要说一说我为什么在1977年到1978年写这本书。那时候我的科学生涯已走过三十载,在那期间我研究的重点是蚂蚁生物学。本能对这些昆虫的引导既复杂又精确,这当然让我惊叹(有些评论说是叹为观止)。我也做过生物多样性方面的研究,这吸引我开始做有关进化及其与族群生物学之间关系的全面研究。在20世纪50年代末,社会与族群之间的联系让我感到震惊(这两者之间的关系在今天看来是显而易见的):社会就是族群,因此通常对族群遗传学和族群生态学所作的分析也可用于研究社会的许多特性。在《昆虫社会》(*The Insect Societies*,1971)一书中,我提出可以将社会行为生物学和族群生物学整合在一起形成生物学的一门分支学科。我将这门新学科命名为科会生物学,它可能第一次把社会性昆虫和社会性脊椎动物的相关知识结合在一起:

社会生物学的乐观前景如下所述。尽管脊椎动物和

> 昆虫的种系相隔很远，沟通体系也有天壤之别，但这两类动物的社会行为进化复杂程度相当，而且在许多重要细节上有相似之处。这一事实让我们看到一个前景：社会生物学最终会从族群生物学和行为生物学最重要的原理中衍生出来，并形成一门独立而成熟的学科。这门学科有望增进我们对动物和人类的社会行为特性的了解。（《昆虫社会》）。

后来我又重提了我在1971年提出的学科整合计划。1975年，我扩展了在《昆虫社会》一书中提到的社会生物学的概念，将脊椎动物纳入研究对象的范围中。我出版了《社会生物学：新的综合》（*Sociobiology: The New Synthesis*，双列排版，共697页）一书，该书中的理论基于对所有已知社会性生物（从社会性细菌和腔肠动物到昆虫、脊椎动物和人类）的全局式研究。对除人类以外的社会性生物的研究对生物学家而言是一种成功。在1989年的一项调查中，《社会生物学：新综合理论》一书险胜达尔文于1872年出版的经典著作《人类与动物的感情表达》（*The Expression of the Emotions in Man and Animals*），被动物行为学会（Animal Behavior Society）这一国际性组织的官员和研究员评为有史以来关于动物行为的最重要的书。

许多科学家和其他人认为，如果我停留在动物学这一边，不去跨越自然科学和人文科学之间的分界线，只写到黑猩猩就停笔而全然不提智人，那这本书会更理想。但是我感受到的挑战和由此而来的兴奋让我无力抵抗，在书的最后一章"人类：从社会生物学到社会学"，我跨越了那条戒备森严的分界线：

> 现在让我们以自然历史的自由观点来考察人类，就好像我们是来自其他星球的动物学家，要给地球上的社会性物种编一个目录。在这样宏观的视角下，人文科学和社会科学缩小成生物学的分支学科；历史、传记和小

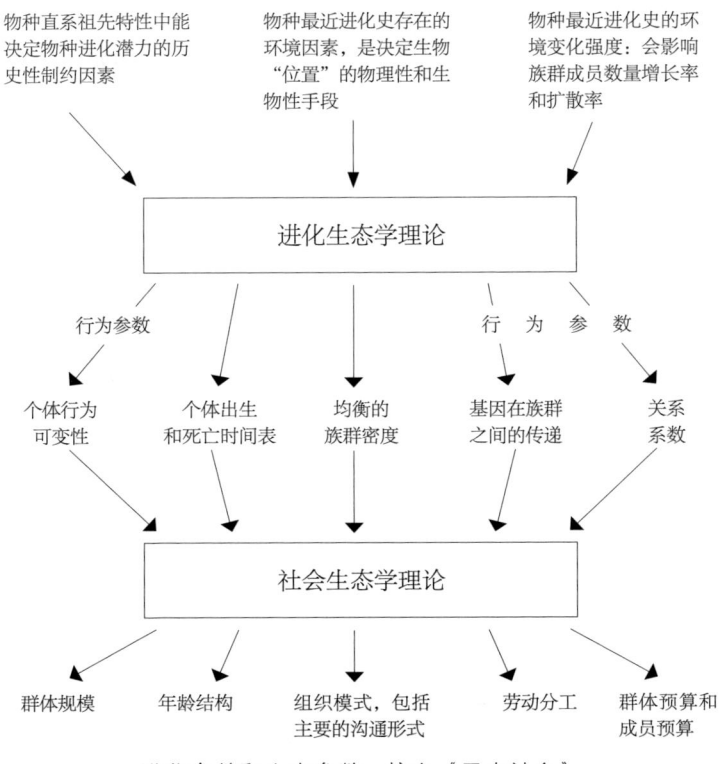

进化参数和生态参数，摘自《昆虫社会》

说成为研究人类动物行为学的资料；人类学和社会学合并成社会生物学，研究的对象只有一种灵长类动物。

是的，我就是这么说的，而且我现在还是这么认为。我们是地球生物圈中适应环境生存的生物物种，这样的物种还有很多；无论我们的语言和文化多么灿烂，无论我们的思维多么丰富和微妙，无论我们的创造力多么强大，我们的心理过程依然是大脑的产物，而大脑正是在自然这块铁砧上用自然选择这把锤子锻造而成的。人脑的能力和特性带有它们起源的印记。文化可能会不断发展，可以去思考时间的开端和所探索宇宙的最远处，但永远也不会获得真正的自由。否则，我们也不会用"人文科学"这个词来指那些研究人类特有现象的学科。

研究社会科学和人文科学的一些学者愿意尊重这种看法，或者已经用各种形式表达过这种看法。就像物理学是化学的基础（后来又衍生了物理化学）、物理学和化学是生物学的基础一样，生物学应该作为这些学者们研究领域的基础学科，这么说似乎是合乎逻辑的。我认为社会生物学会在几大学科之间架设桥梁，最起码可以为人类行为分析提供有用的工具。

然而，大多数社会科学家和人文学者要么对这种看法无动于衷，要么把这种看法视为某种谬误且不能接受的意识形态的敌对入侵。出乎我意料的是（我承认是我太天真了），转眼便争议四起，闹得沸沸扬扬。事实上，20 世纪

70年代中期是提出人类社会生物学的最差时机。越南战争是美国历史上最令人憎恶的一场冲突，在那时候这场战争终于接近尾声。此外，争夺民权的战争尽管没有稳操胜券的把握，但似乎胜利在望。美国的民主就是以这样繁琐而嘈杂的形式再次证明了它的精神。但这场动荡也有负面影响，那就是为极端主义提供了机会。学术界最流行的是革命派左倾思想。精英大学通过同侪压力和学生抗议示威表明各自的政治正确性。马克思主义和社会主义在这样的氛围下全然是正确的。共产主义革命也全然是正确的。中国和苏联政权至少在意识形态上是全然正确的。在院长办公室外面，中间路线主义遭到鄙斥。政治保守派虽然内心焦灼，但大多数时候不敢大声说话。激进左派的教授和激进主义访问学者是大学里面的英雄人物，他们反复讲述：当权派辜负了我们，当权派阻碍进步，当权派是敌人。这对民众来说是一股力量，但是被美国人歪曲了。因为普通的劳动人民在整场革命中惊人地保守，参与阶级斗争的新兴无产阶级者只有学生。很多学生无法想象自己将来会成为股票经纪人、官僚或学院领导，他们选择了顺从。

在学术界目前已变得较为宽松的领域里，"种族"这个问题在上世纪70年代中期是一个放射性的问题，如果不格外小心，碰了它就必死无疑。谈论智商遗传和人类行为都是应受惩处的错误行为。除了俗套的谴责外，如果有人敢以其他方式谈论这些话题就有被指作种族主义者的风险。在当时的社会，被指认为种族主义者（即使是冤枉的）的人就会被学术界驱逐。但是这种情况几乎从未发生过,因为学术界中的人太聪明,也太谨小慎微,他们至少不会公开发表对这些话题的任何看法,甚至在私下的谈话中也保持谨慎,对这些话题噤声。

这种反感根深蒂固,而且 20 世纪 70 年代人们的歇斯底里有合理的理由。尚未成熟的生物学与右翼先天论的结合催生了社会达尔文主义和优生学,后两者在 20 世纪的头几十年里对自然科学产生了不良影响,它们在 20 世纪 30 年代(前拉马克时期)得到了苏联的青睐,并在 20 世纪 30 年代和 40 年代为纳粹的暴行提供了依据。因为试图修正对生物学的误用,也因为看到行为主义取得的实验性成果成为心理学领域的重大动向,所以社会科学家避开本能这个概念,开始用遗传学和进化理论来解释人类行为。20 世纪 70 年代,大脑白板论帮助社会科学和人文科学抵挡住了生物学刮起的风暴,并让它们在三大学科中占有两席。

因此,社会生物学并未像我希望的那样被当做一种知识资源,而是被普通视为对白板世界观的威胁。更糟糕的是,在一个敢言的小型知识精英圈子里,社会生物学被当做是对马克思主义思想的威胁。这些批评者排斥社会生物学,并设法用一种完全误导的新方式重新定义"社会生物学"这个词。大众媒体未将社会生物学视为一门学问,而将它指作是有关人类行为的理论(人类行为是由基因决定的,至少在很大程度上受到基因的影响)。当然,这种说法在今天看来是正确的,在 20 世纪 70 年代已经有很多证据支持这个看法。但是,不管这些证据意味着什么，阐释人类行为理论并不是社会生物学的初衷，也不是当今科学家所理解的社会生物学的目的。社会生物学是一门科学学科，是对生物体（包括人类）各种形式社会行为之生物基础的系统研究。它融汇了诸多可用的理论，甚至将大脑是一块白板这一可能性囊括在内，认为为了征服先天倾向而拥有这样一个大脑需要大量基因经过无数次进化。换句话说，白板论确实是一个社会生物学观点，尽管它不正确。有关社会生物学的争论源于对它的误解、猜疑和反感，这使我早早就认识到我没有充分解释这一学科与了解人类行为的关联。《社会生物学：新的综合》的末章本应做一个详尽的说明。社会生物学需要更深入地研究行为遗传学，以更令人信服的方式解决文化问题，并能够更全面地解决由它自身引发的哲学问题和社会问题。它需要有重点地解决已存在的主要异议以及政治意识形态和宗教信仰可能引发的异议。为达到这些目的，我于 1977 年开始撰写《论人的本性》一书。这本书出版后得到普遍好评，直到现在出版数量也仍然很大，这让我倍感欣慰。

爱德华·O·威尔逊
美国马萨诸塞州列克星敦市
2004 年 6 月

初版序言

《论人的本性》是一套三部曲中的第三本书。在本书完成之前我并没有刻意去为这三本书作逻辑顺序的安排。我将《昆虫社会》（1971）一书的末章题名为"整合后的社会生物学的前景"。在该章中我提到，族群生物学与比较动物学中的原理在解释社会性昆虫的严格体系时既然如此有效，那就有可能将同样的原则逐个运用到脊椎动物这个对象上去。我曾说过总有一天我们可用同一组参数及同一个量化理论来说明蚁群和恒河猴群。我没有办法抗拒自己提出的挑战，于是我开始学习许多有关脊椎动物社会行为的重要文献，并撰写了《社会生物学：新的综合》（1975）一书。在该书的末章"人类：从社会生物学到社会学"中，我提出目前似乎合理应用于一般动物的生物学原理也可有益地扩展到社会科学上去。这个提议引起了异常多的关注和争论。

《社会生物学》出版之后，我更广泛地阅读了有关人类行为的文献，参加了许多学术研讨会，还多次与许多位社会科学家在书信上交换意见。我比以往更确信：如今正是弥合两种文化之间鸿沟的时候。社会生物学虽然只是将族群生物学与进化论延伸到社会组织上来，但这已是这番努力最好的凭证。《论人的本性》便是我在这一问题上探索的成果。

但这第三本书不是教科书，也不是科学文献的常规性综论。要系统地谈论人类行为就要把人类心灵迷宫中的每一道回廊都拿来作为课题，因此，该考虑的便不只是社会科学，还应该有人文学科（其中包括哲学以及科学发现的过程本身）。所以《论人的本性》便不是一本科学著作，而是关于科学的著作；同时它也关注自然科学在变成别的东西之前，到底可以多深入地研究人类行为。它还研究了真正基于进化论对人类行为所作的解释必定会给社会科学和人文科学带来的影响。《论人的本性》可以提供有关行为科学与社会生物学的资料，这些资料我已仔细地整理过。但本书的实质是一篇推理性的论文，文中所论及者是当社会理论最终与自然科学中和它关联最深的部份结合起来时将产生的深远影响。

关于这一说法的意见当然很多，而且分歧也很大，这在《社会生物学》论及人类行为的那些章节中可以看得出来。有些人因为自己的信仰只能选择排斥本书中的看法，有些人则将本书视为受过检验的科学产品，阅读时没有任何批判性的思考。对于后者我要说几句话，虽然这些话很可能让前者对本书更不认同。我要说我很可能是错误的，错的可能是一个结论，可能是对自然科学的作用寄予的厚望，也可能是我对科学唯物论孤注一掷的信任。向读者们说明这些并不是我故作谦虚，相反地，我是希望稳固我的立场。倘若进化论的科学精神本身就摇摆不定，或者观念提出来以后通不过客观的考验而站不住脚，那么硬把进化理论应用到人类生活的各方面去也不会有任何结果。各门社会科学至今仍嫌稚弱，进化论本身也不够完善，因此本书所言决非金科玉律。不过我却坚信，已有的证据能够支持本书中的论点，并且我对让我有此看法的生物学研究有更大的信心。

在撰写本书时，我从很多朋友和同事那里得到了很多有益的帮助和建议。当然他们不可能认同我所有的观点，所以本书中存在的错误与他们无关。我要感谢的人有：理查德·D·亚历山大（Richard D. Alexander）、杰罗姆·H·巴寇（Jerome H. Barkow）、丹尼尔·贝尔（Daniel Bell）、威廉·贝内特（William I. Bennett）、赫伯特·布洛赫（Herbert Bloch）、威廉·E·博格斯（William E. Boggs）、约翰·T·邦纳（John T. Bonner）、约翰·E·博斯韦尔（John E. Boswell）、拉尔夫·W·伯霍（Ralph W. Burhoe）、唐纳德·T·坎贝尔（Donald T. Campbell）、亚瑟·卡普兰（Arthur Caplan）、拿破仑·A·沙尼翁（Napoleon A. Chagnon）、乔治·A·克拉克（George A. Clark）、罗伯特·K·科尔韦尔（Robert K. Colwell）、伯纳德·D·戴维斯（Bernard D. Davis）、欧文·德沃尔（Irven DeVore）、米尔德里德·迪克曼（Mildred Dickeman）、罗宾·福克斯（Robin Fox）、丹尼尔·G·弗里德曼（Daniel G. Freedman）、威廉·D·汉密尔顿（William D. Hamilton）、理查德·J·赫恩斯坦（Richard J. Herrnstein）、伯特·霍尔多布勒（Bert Holldobler）、杰拉尔德·霍尔顿（Gerald Holton）、莎拉·拉弗·赫迪（Sarah Blaffer Hrdy）、哈利·J·杰

里森（Harry J. Jerison）、玛丽-克莱尔·金（Mary-Claire King）、梅尔文·科纳（Melvin Konner）、乔治·F·奥斯特（George F. Oster）、奥兰多·帕特森（Orlando Patterson）、约翰·E·法伊弗（John E. Pfeiffer）、大卫·普雷马克（David Premack）、W·V·奎因（W. V. Quine）、乔恩·塞格尔（Jon Seger）、约瑟夫·沙斐（Joseph Shepher）、B·F·斯金纳（B. F. Skinner）、弗兰克·萨洛韦（Frank Sulloway）、莱昂内尔·泰格（Lionel Tiger）、罗伯特·L·特里弗斯（Robert L. Trivers）、皮埃尔·范登伯格（Pierre van den Berghe）、阿瑟·W·王（Arthur W. Wang）、詹姆斯·D·温里克（James D. Weinrich）、艾琳·K·威尔逊（Irene K. Wilson）和理查德·W·兰厄姆（Richard W. Wrangham）。

凯瑟琳·M·霍伊顿（Kathleen M. Hoiton）参与过我以前著作的出版工作，这次她仍然帮助我查询文献目录并打印手稿。她让我的工作更准确、更高效，她对我帮助之大让我无法估量。

本书第一章包括我以前的文章《社会本能》（The Social Instinc）中的内容，我对引用的部分几乎未作改动；第五章和第七章包含"Human Decency Is Animal"的大部分内容；第四章和第八章包含《社会生物学》第二十七章中的少数内容。感谢出版商同意我引用这些材料。对其他作者著作的引用已分别得到加州大学出版社、芝加哥大学出版社和麦克米兰公司的许可。

第一章
困境

人类的心灵是怎样活动的？它为何以这种方式而不是以其他方式活动？若将这两个方面结合起来考虑，人类的终极本性究竟是什么？伟大的哲学家大卫·休谟（David Hume）认为这些基本问题的重要意义是不言而喻的。

我们总是以犹疑甚至恐惧的心态来面对这个课题。原因是什么呢？如果说人脑是一台由上百亿神经细胞所组成的机器，那么心灵在某种程度上可以被解释为有限的化学与电流反应活动总和。各种"有限"限制了人类的远景，我们是生物，我们的心灵无法自由翱翔。假若人类是按照达尔文所提出的自然选择进化而来的，造就人类的便不是上帝，而是遗传或然性以及环境必然性。我们依然可以在物质基本单位（夸克和电子壳）【汉斯·昆（Hans Kung）在质问无神论者时问得好，他问道："为什么世间总是'有'些东西,而不是一无所有？"】，而不是在物种起源中寻找神性。无论我们如何用隐喻与想象来润饰这个刻板的结论，它仍然坚持了上一世纪科学研究的哲学思想。

不可否认，该命题让人提不起兴致，但却无法避而不谈。它是我们对人类处境作严肃思考时的首要前提。没有这一命题，人文科学和社会科学便只能局限于对现象的肤浅描述，就像缺少了物理学的天文学、缺少了化学的生物学以及缺少了代数的数学。有了这一命题，人们便可以将人性视为一个纯粹的实证研究对象，生物学便可以服务于普通教育，而人类的自我观念也可以因此而真正地丰盛起来。

但是如果新自然主义是真理，该主义的追求似乎必然会引发两个严重的精神两难问题。第一个两难问题是：包括人类在内的一切物种所具有的目的不得凌驾于各自遗传史所确立的各项规则。或许各类物种在生理和心理发展方面存在巨大潜能，但是它们缺乏内在目的，没有所处环境之外的任何助力来引导它们，它们的细胞结构内也缺乏自动导引它们驶向进化的目标。我认为人类心灵是以这样的方式构建的：它受到这些基本限制，不得不用纯粹的生物工具（指人类天生的身体结构）去做选择。倘若大脑是按照自然选择规律进化的，那么连审美判断和宗教信仰之类的能力也是相同机制作用下的产物。它们要么是远古人类对环境的直接适应，要么至多是经由较深层而隐微的活动间接建造的结构，从更严格的生物学意义上来说，这些活动曾经是具有适应性的。

争论的要点是：人脑之所以存在是因为它促进了控制其组成方式的基因的生存与倍增。人类心智是为生存与繁衍服务的装置，推理只不过是其中一种技能。史蒂文·温伯格（Steven Weinberg）曾经指出：物理现象神秘莫测，即便是物理学家也深以为然，这是因为其中有太多的非必然性，非人类的心智所能理解。我们可以将这种卓见倒过来推理，以便更有力地说明人类智能并不是用来理解原子或它本身的，而是为了促进人类基因的存活。善于思考的人都知道，在整个生物个体发育过程中，他的生命受到某种神秘指引，其中总要经过多多少少顺序固定的生命阶段。他感觉到，他具有人类物种所特有的所有驱力、智慧、情爱、自豪、愤怒、希望和焦虑，最终他能确信不移的就是帮助这一循环周而复始。诗人认为这个真相是个悲剧。叶芝（Yeats）则称之为"智慧的来临"：

> 绿叶繁多，根是唯一；
> 在逝去的青春里，
> 我曾在阳光下摇曳花叶；
> 如今我行将凋谢，复归于真。

简而言之，第一个困境便是我们没有固定的去向。人类物种在自身的生物本性之中缺乏外在目标。在未来的几百年里，人类将能够精于技术和政治，解决能源和原料危机，避免核战争，并控制人口。这个世界起码可以有稳定的生态系统和营养富足的人群。但是，再接下来呢？全世界受过教育的人都会认为，除了物质需求外，还需要使个人潜能得以发挥与实现。但是什么叫发挥？而又要到什么程度才算是实现潜能了？传统的宗教信仰已受到侵蚀，论及原因，与其说是因为对宗教神话羞辱性的反证,不如说是因为人们日益觉醒,认为信仰确实是生存的可行机制。与人类社会的其他体制一样,宗教也会不断演化以加强信徒的坚定性和影响力。世俗宗教仅仅只向信徒描画了物质福利方面的前景,以及通过立法来避免人性各种后果的方法。它们也一样以集体的自我强化为目标,从而促使自身更具活力。

意识形态服从其隐藏的主人,即基因。如果更仔细地研究,会发现最强烈的冲动似乎也变成生物性的活动了。

罗伯特·海尔布伦纳(Robert Heilbroner)、罗伯特·尼斯比特(Robert Nisbet)、L. S. 斯塔夫里诺斯(L. S. Stavrianos)等当代更悲观的社会解释家认为西方文明及全人类都面临着即将衰败的危机。他们的推理极易导出一个后意识形态的社会观念,这种社会的成员会不断退化到自我放纵的状态中去。冈瑟·斯坦特(Gunther Stent)在《黄金时代的来临》(*The Coming of the Golden Age*)一书中写道:

> "权力意志不会完全消失,但是其强度分布会发生巨大变化。在该分布的一端有少部分人,他们的工作将完好保留维持民众高标准生活水平的技术。在该分布的中间是一类基本上不工作的人,对他们而言,现实和幻想之间的区别还是相当重要的……他们将保有对这世界的兴趣,并从感官愉悦中寻求满足。在该分布的另一端也有一类基本上不工作的人,对他们而言,现实和幻想之间的界线基本消失,而这条界线的消失至少和他们的

肉体生存可以相提并论。"

因此，隐含在第一个困境中的危险是：社会凭以组织其各方面能力的超凡目标迅速瓦解。那些真正可以和战争作道德上抗衡的目标已经消失；当我们走近它们时，它们就如海市蜃楼一般，一个接着一个地消失。为了根据更真实的人类定义找寻一种新的道德，我们必须向内探索，剖析心灵的机制并回顾心灵的进化史。不过，可以预料这般努力会引出第二个困境，那就是在人类生物本性所固有的各种伦理前提之间，必须做出一个选择。

在此我要简明扼要地说明第二个困境的基本内容，而把它的支持性论证留待下一章再予陈述。第二个困境的基本内容是：人类生来就有的抑制性潜意识和动机存在于大脑中，它们会不自觉地对我们的伦理前提产生深刻的影响。据此，道德便会像本能一样地进化。如果这种认识是正确的，科学就能立即考察人类价值观的确切起源和意义，所有伦理主张和大部分政治活动都源于此。

大多数哲学家都缺乏进化的眼光，他们没有花太多时间研究这个问题。在研究伦理体系中的信条时，他们参照的是伦理行为的后果而不是起源。例如约翰•罗尔斯（John Rawls）在他著名的《正义论》（*A Theory of Justice*，1971年）中劈头第一个命题就是："在一个公正的社会中，应拥有平等公民权的自由；公平所捍卫的权利不会因政治交易或社会利益算计而改变。"他认为这个命题是不容争辩的。罗伯特•诺齐克（Robert Nozick）的《无政府、国家和乌托邦》（*Anarchy, State, and Utopia*，1974年）也以同样坚定的命题开头："个人拥有权利，而且，有些事情是其他人或团体都不能干涉的（否则就是侵权）。这些权利如此强大而深远，以至于引出这样的问题：政府其及其官员究竟能做些什么？"以上两个前提在内容上略有差异，引出了大相径庭的处理方法。罗尔斯允许实施严格的社会控制，以尽可能维护社会报酬的平等分配。诺齐克认为统治理想社会的政府要尽可能小，只需保护其公民免受侵犯和欺诈即可，至于报酬分配不均是完全允许的。罗尔斯反对精英统治，诺齐克则认为是可取的，除非地方自愿决定施行平等主义政治。哲学家和所有其他人一样，他们估量着自己对各种变化的情绪反应，仿佛在乞灵于某个秘而不宣的神谕。

这个神谕潜藏在大脑深处的情绪中枢中，最有可能位于边缘系统中，这个区域由神经元与激素分泌细胞组成，恰好在大脑皮层"思考"区的下方。人类的情绪反应和更普通的伦理活动依靠着这一中枢，经过世世代代的自然选择后，已经变得非常充实。这给科学带来的挑战是要测量这种变化带来的约束到底有多强，找出这些束缚来自大脑的什么地方，并通过重新构建心灵进化史来诠释这些束缚的意义。这些研究将是对由来已久的文化进化研究的逻辑补充。

研究若能见成效，则第二个困境便会应运而生：在众多的抑制性潜意识和动机中，我们到底该听从哪些？哪些是应该限制的，哪些是应该升华的？这些向导正是人性的核心。

使我们不同于电子计算机的也正是它们,而不是精神独立性的信仰。在未来的某个时刻,我们必须决定该维持几许的人样(就最终极的生物学意义而言),因为我们必须在我们与生俱来的多种情绪向导中做清醒的抉择。要想把握我们的命运,就意味着我们必须要摆脱基于生物本性的自动控制,转而根据生物学知识对人生进行精确定向。

人性的向导必须从多个复杂方面加以研究,它善于伪装,哲学家便经常掉进它所布置的陷阱。唯一可以前行的道路就是将人性当做自然科学的一部分来研究,尝试将自然科学与社会科学、人文学科综合起来。我想不出有任何意识形态或形式主义的捷径。神经生物学不是靠拜师就能学到的。遗传史的结果也不是由立法机关决定的。最重要的是,即便只是为了我们自身的福祉,也不能将伦理哲学看成是纯粹的智慧活动。虽然可以通过直觉和意志力实现人类进步,但是只有关于生物本性难得的经验知识才能帮助我们在有关进步的各种相互冲突的标准中作出最佳选择。

这一分析首要的任务应是将生物学和心理学、人类学、社会学、经济学等各种社会科学结合起来。这两类文化直到最近才完全看清对方的面貌。可以预知,可能产生的结果有敌对、误解、狂热、局部冲突和达成和解。这个局面简单地说就是:当今,生物学是社会科学的对立学科。我要用"对立学科"这个词来强调一点:在科学的组织体系中,相近的研究领域在初次交会之时常常存在一种特殊的对立关系。举例来说,复体物理学是化学的对立学科,化学是分子生物学的对立学科，分子生物学是生理学的对立学科。以此类推，可以推衍到更具体而复杂的同层次学科上去。

在一门学科典型的早期发展史中，研究者总是相信他们所研究的课题是新颖、独特的。他们奉献了毕生心血来研究特殊的实体和模式，而且在探索的早期阶段，他们并不相信可以从这些现象归纳出简单的法则。但是对立学科的研究者则持不同态度。他们选择较低结构层次的对象（如比分子更小的原子）作为主要研究对象，认为高一层次的学科能够而且必须以他们的法则来重新阐释：譬如用物理学定律来重新阐释化学，用化学定律来重新阐释生物学。他们的兴趣相对狭窄、抽象并具有开拓性。P·A·M·迪拉克（P. A. M. Dirac）谈及氢原子理论时曾说：它的成果能发展成为纯粹的化学。有少数生物化学家至今仍认为生命"只不过"是原子和分子的活动而已。

很容易理解为什么每一门科学学科同时也是一门对立学科。因为科学组织中相邻两门学科的研究者一开始定会以自己的方法和观念来看另一学科（比如原子理论的研究者会用原子理论分析分子问题），因此才会产生对立关系。按照现在的标准，知识渊博的科学家要研究三个学科，即他自己的专攻学科（比如化学）、下游的对立学科（物理学）以及将其专攻学科作为对立学科的学科（生物化学）。再举一个更精确的例子：一位出色的神经系统专家不仅要了解单个神经细胞的结构，还要懂得通过这些细胞传导神经脉冲的化学基础，并能解释神经细胞如何联合作用以产生基本的行为模式。

每一位成功的科学家应能以不同的方式处理围绕他专攻学科的三个层次的现象。

相近研究领域之间的相互关系最初是既紧张又富有创造性的，但随着时间的推移，它们就变得完全互补了。让我们来谈一谈分子生物学的起源。19 世纪后期，对细胞的微观研究（细胞学）以及对细胞内外化学过程的研究（生物化学）日新月异地发展起来。两者之间的关系在这一时期很复杂，但是和前文所述的历史模式多有相符。能证明存在复杂细胞结构的铁证让细胞学家欢欣鼓舞。他们破译了细胞分裂时神秘的染色体变化符号，为现代遗传学及实验发育生物学的出现奠定了基础。在另一方面，许多生物化学家对细胞存在许多微观结构这一观点仍有怀疑。他们认为细胞学家所描述的东西是为了方便显微镜观察而人工制造的，是采用实验室方法对细胞加以提取与染色之后的产物。他们感兴趣的是关于细胞质化学性质更"根本"的问题，尤其是"生命的基础是酶"这一新理论。而细胞学家对细胞是一个"装着酶的袋子"之类的说法嗤之以鼻。

总而言之，生物化学家认为细胞学家不懂化学，根本不能把握这一基本的过程；而细胞学家则认为化学家的方法不适用于研究活细胞的特殊结构。1900 年孟德尔遗传学复兴，随后有人阐释了染色体和基因的作用，最初两者并没有被联系在一起。生物化学家认为没有什么便捷的方法来阐释古典遗传学，便干脆忽略了这两者之间的关系。

其实双方都没有错。如今生物化学已经用其学科术语对细胞机制作了诸多解释,修正了其早期所提出的一些极为过分的主张。但是在达到这种成就的过程中(从 1950 年起),生物化学的一部分转化为分子生物学这门新学科,该学科是一门特殊的生物化学,研究分子(如 DNA 螺旋体和酶蛋白)的空间排列。细胞学促成了化学的一个特殊门类的发展,并推动了电泳、层析法、密度梯度离心分离法、X 射线结晶法等一系列强大的新技术的应用。与此同时,细胞学演变成为现代细胞生物学,在可将物体放大百万倍的电子显微镜的帮助下,它又在观点和用语上向分子生物学转变。最后,经典遗传学的研究对象由从果蝇和老鼠转变为细菌和病毒,并与生物化学相结合形成了分子遗传学。

　　细胞生物学与其对立学科生物化学从理论到方法的较量极大地推动了生物学的发展。这种相互作用是科学唯物主义的胜利,它极大丰富了我们对生命本质的理解,形成了比前科学文化(prescientific culture)的任何想象都更加有影响的文献资料。

　　我认为上述循环将在生物学与社会科学的融汇过程中重现,因此西方精神生活中的这两种文化最终会结合在一起。在传统上,生物学只能通过技术手段间接影响社会科学,比如通过医学产生的利益、基因剪接和其他遗传技术带来的福祉以及人口增长这种耸人听闻的理论。虽然这些都具有重大的实用意义,但与社会科学的理论基础相比较则显得微不足道。学院和大学对待"社会生物学"和"生物学的社会问题"的一贯态度向人们的理智提出了一些难以应付的挑战,但是它们并没有触及社会科学理论的核心。这个核心是人性的深层结构，从本质上来说是一种生物学现象，同时也是人文学科关注的重点。

我们常常容易被对立的观点诱导，譬如说：科学只能产生几种类型的知识；科学所具有的冷静、清晰的阿波罗式方法与丰富的狄俄尼索斯式精神生活风马牛不相及；全心全意献身于科学是非人性的行为。西奥多·罗斯扎克（Theodore Roszak）在说明反主流文化的主旨时说，心灵地图就像"一个具有多种可能性的光谱，所有的可能性以恰当的方式相互交融……在光谱的一端，我们看到科学发出的强烈而耀眼的光线，在此我们可以找到知识。在光谱的中间部位，我们看到悦目的艺术色彩，在此我们发现了世界的美学形式。在光谱远远的另一端，我们看到宗教体验晦暗、幽深的色调消隐为肉眼看不见的光波，在此我们找到了意义。"

不！在此我们看到了蒙昧主义以及对心智能力的严重贬低！悦目的色彩和晦暗的色调源于我们的神经和生理感觉组织的遗传进化，认为它们不是生物学研究的对象，目标未免太低。

科学方法的核心是将感知到的现象还原成基本、可检验的原理。任何科学概括的优雅之处（或者说是美妙之处）在于用最简洁的语言诠释尽可能多的现象。物理学家、逻辑实证主义的先驱厄恩斯特·马赫（Ernst Mach）用这一定义表达了这个观点："科学可被视为一个最小化问题，即用尽可能少的思考对事实进行最全面的陈述。"

虽然马赫的观点具有无法抗拒的诱惑性，但最初的还原法仅仅只走了科学过程的一半。剩下的过程是：遵循经由分析法揭示出来的新法则，以具有广包性的综合来重构繁复的事实。这种重构展示了自然发生的全新现象的存在。当观察者将其注意力转移到组织结构的更高层次（譬如从物理学转移到化学，或从化学转移到生物学）时，他会期望较低层次的所有规律依然适用。但若要重构组织结构的较高层次，就需要对较低层次各单位进行特殊的安排，这反过来又会形成许多崭新的、始料不及的法则雏形。特殊安排的过程包括将多个单位进行特定组合，对要素进行特定的空间排列并揭示这些要素的来历。看看下面这个简单的化学例子：一个氨分子含有一个带负电的氮原子，这个氮原子键连到三个带正电的氢原子所形成的三角形上。如果这些原子都固定在一个位置上，那么氨分子在每一端的电荷是相反的（即偶极矩），这显然有悖于核物理学的对称规律。然而，氨分子有办法我行我素：它令氮原子以每秒 300 亿次的频率在氢原子三角形中进进出出，从而中合了偶极矩。不过糖以及其他大的有机分子不具备这种对称性，因为它们的结构过于庞大和复杂，无法自行翻转。它们打破了物理学规律，但并没有否定这些规律。这种特殊的安排在核物理学家眼中也许不算很有趣，但它的结果对整个有机化学和生物学极为有利。

再来看一个昆虫社会生活进化的例子，这个例子和本书主题更接近。在大约 1 亿 5000 万年前的中生代，原始的黄蜂进化出具有决定性别的单倍二倍染色体细胞，在该细胞中，受精卵变成雌蜂，未受精卵变成雄蜂。这个简单的控制法可能是一种特殊的适应变化，雌蜂可根据它们所猎食虫类的特性来选择后代的性别。具体地说，如果猎物较小，就选择雄性后代，因为雄蜂在生长过程中对蛋白质的需求较少。但是，不管是什么起因，单倍二倍染色体细胞是一个重大的进化事件，很意外地预先决定了黄蜂在将来发展出较高级的社会生活形式。原因在于单倍二倍染色体细胞使得同胞姐妹之间的血缘比母女之间的血缘还要来得接近，因此雌蜂分化出一群专事哺育姐妹的特殊不育黄蜂，从而提高遗传的质量。存在专事哺育同胞姐妹的不育蜂群是这种昆虫社会组织的一个基本特征。由于这种昆虫社会生活和单倍二倍染色体细胞有关联，所以几乎只有黄蜂及其近亲（蜜蜂、蚂蚁等）才有这样一种社会生活形式。此外，这种昆虫组织几乎都可归类为母权统治或姐妹统治，前者是由母亲控制女儿，后者是由不育的女儿控制能产卵的母亲。我们已证实黄蜂、蜜蜂和蚂蚁的社会非常成功，它们占据并改变了地球上绝大多数栖息地。在巴西的丛林中，它们的群落聚集起来重量超过所有陆生动物（包括线虫、巨嘴鸟和美洲虎）重量的20%。谁能料到这全都应归功于它们的单倍二倍染色体细胞呢？

　　归纳法是科学分析的传统工具，但总有人对此方法表示忧虑和不满。如果生物学法则能在很大程度上归纳并决定人的行为，那么人类将丧失其独特性甚至人性。鲜有社会科学家或人文学者愿意和还原法携手合作，更别说放弃他们所固守的领域。但是，将归纳法与还原法等同视之是全然错误的。

一门学科的法则对于高于它一个层级的学科来说是必要的，因为这些法则激发并推动了思想上更为有效的重组，但对高一层级的学科而言并不充分。生物学是解开人的本性这个谜题的一把钥匙，如果忽视生物学所提供的那些迅速成熟起来的原理，其损失是社会科学家们承担不起的。但社会科学潜在的内容非常丰富，它们最终会汲取生物学的相关观点，并且还会继续在生物学中挖掘更多东西。超越了人类中心论之后，有关人类最适当的研究乃是针对人本身。

第二章
遗传

　　我们生活在一个生物体千差万别的星球上。自从卡罗勒斯·林奈（Carolus Linnaeus）1758 年开始给生物进行正式分类以来，动物学家已给大约 100 万种动物编了目录，并给每种动物一个学名，在专业刊物上为它们写几段文字，也在世界各地博物馆的展架上给它们留下方寸之地。尽管付出这么多心血，发现的过程才刚刚开始。1976 年，有一只巨鲨在试图吞食停泊在夏威夷附近的一艘美国军舰的铁锚时被捕获，此前没人见过这样的鲨鱼，它长 14 英尺（约 4.25 米），重 1600 磅（约 725.75 千克）。几乎同时，昆虫学家发现了一种全新的寄生蝇，它们形似大型红蜘蛛，只生活在新西兰当地的蝙蝠窝里。博物馆管理人员每年都会整理出几千种在世界各地探险中新发现的昆虫、桡足类动物、线虫、棘皮动物、曳鳃动物、少足纲动物、超鞭毛虫以及其他生物。根据对选定栖息地做的大量调查，预计动物物种的总数在 300 万至 1000 万之间。正如同自然科学家霍华德·埃文斯（Howard Evans）在他最近出版的一本著作的扉页上所写的，生物学研究的是"人们所知无几的一颗星球上"存在的生命。

这些物种中，具有高度社会性的有几千种之多。其中最高级的物种形成了我所谓的动物社会性进化过程中的三个峰点，即（1）珊瑚虫、苔藓虫类及其他形成群体的无脊椎动物；（2）包括蚂蚁、黄蜂、蜜蜂、白蚁在内的社会性昆虫；（3）具有社会性的鱼类、鸟类和哺乳动物。这三种处于顶峰的社会性动物正是新的社会生物学学科的主要研究对象，这门学科是对各类生物体（包括人）各种社会行为方式的生物学基础所做的系统研究。这项研究有古老的根源，它的大部分基础知识以及一些最重要的观点来自动物行为学，后者研究的是自然状态下生物体的整体行为模式。赫胥黎（Julian Huxley）、卡尔·冯·弗里希（Karl von Frisch）、康拉德·洛伦茨（Konrad Lorenz）、尼古拉斯·廷伯根（Nikolaas Tinbergen）等人是动物行为学的先驱人物，现在则有一大批富有创新精神和创造力的后继者。动物行为学仍然极为关注以下几个问题：各物种所表现出来的行为模式有何特殊性；这些行为模式如何使动物适应其所处环境给它们带来的特殊挑战；以及在物种的遗传进化过程中一个行为模式以什么步骤过渡到另一个行为模式。渐渐地，现代动物行为学与神经系统研究以及激素对行为之影响的研究有越来越深的关联。研究者们已深入到行为发展过程，甚至深入到先前几乎完全属于心理学领域的学习过程，并且他们也开始把人类作为一个物种进行密切考察。动物行为学的研究重点依然是生物个体和生物生理学。

相比之下，社会生物学这门学科则显得更为混杂，它结合了动物行为学（对整体行为模式的自然主义研究）、生态学（对生物体与其环境之间关系的研究）以及遗传学的知识，以便推导出关于整个社会之生物特性的普遍原理。社会生物学真正的创新在于它所采用的方法，它从动物行为学和心理学的传统基质中提炼出有关社会组织的最重要的事实，然后根据以种群为研究对象的生态学和遗传学重新组合这些事实，由此揭示社会群体如何通过进化适应所处的环境。生态学和遗传学直到最近几年才有足够的能力提供这样的根据。

社会生物学主要以社会性物种的相互比较为基础。每一种生命形式都可被视为一个进化实验，亦是基因与环境之间数百万年相互作用的产物。仔细研究这些实验之后，我们已开始建立并检验遗传性社会进化最基本的一般原理。现在我们已有能力运用这些广博的知识来研究人类了。

社会生物学家研究人类时，好像是通过望远镜的物镜而非目镜来观察，把距离放得比平常远得多，人的形体也暂时显得小了许多，这么做的目的是同时观察人类与其他社会实验。他们试图在地球社会性物种的目录中给人类安插一个适当的位置。他们赞同卢梭（Rousseau）的一个观点，即"研究人们须从近处观察，研究人类须从远处审视"。

这种宏观的视角在某些方面比社会科学传统的人类中心说更有益处。事实上，没有哪一种理智缺陷比目空一切的人类中心说更害人。我想起了罗伯特·诺齐克在为素食主义辩护时曾以聪明的方法提出这种观点。他指出，人类吃肉时觉得心安理得，因为他们认为那些被吃的动物在感性和智力方面太低下了，根本不能和人类相提并论。以此类推，假如有的确优于人类的外星物种造访地球并援用了和人类一样的标准，那么他们也可以问心无愧地将人类作为美食。同样的道理，那些外星球的科学家可能觉得人类很没趣，智力低下，感情贫乏，社会组织形式在其他星球也很常见。很令人恼怒的是，他们可能会对蚂蚁感兴趣，因为这些小东西具有决定性别的单倍二倍染色体细胞和怪异的母系等级制度，在整个银河系中它们才算是地球上最新奇的造物。我们可以想象外星人在他们的飞行日志上记载："一个惊人的科学突破出现了；我们终于发现个体大小在1—10毫米之间具有单倍二倍染色体细胞的社会性生物体。"然后这些外星访客要践踏人类最后的尊严：为了证实他们没有低估我们，他们将在实验中仿制人类。化学家为了检验一种未知有机复合体的结构特性，他们会试着用一些简单的成分来合成该复合体。与他们一样，外星生物学家也需要合成一两个类人动物。

对于给人类下定义来说，这种科幻小说式的情节会有许多启发。计算机科学家最近在人工智能设计方面取得重大进展，提出一项人性的检验法则：行为像人者即是人。人类行为是可以非常准确地加以界定的，因为对人类敞开的行为进化坦途并非对所有生物都是同样畅通的。进化并没有使文化变得无所不能。许多较为传统的马克思主义者、部分学习理论研究者以及为数众多的人类学家和社会学家有一个错误的观念，他们认为社会行为的形式几乎是不受限制的。极端环境决定论者有这样一种认识前提：人乃是其自身文化的产物，即"文化造就人"。这个公式可以进一步推演："创造文化就是创造人。"这种前提只对了一半。是环境（尤其是文化环境）与影响社会行为的基因之间的相互作用塑造了人。虽然当我们置身于世界上成百上千种文化当中时会觉得它们变化万千，但是和地球上已知的社会性物种组织形式相比，各种形式的人类社会行为集合在一起也只占了很小的比例；若与根据社会生物学理论所能想象出来的组织形式相比，人类的社会行为仅仅是沧海一粟了。

至关重要的问题已经不是人类社会行为是否由遗传决定，而是遗传在多大程度上决定着人类社会行为。累积至今的大量有关遗传问题的证据比绝大多数人（甚至包括遗传学家）所了解到的更详尽、更有说服力。我还要再补充一句：遗传的决定性作用已经证据确凿。

既然说出这样的话来，请允许我给遗传决定的特性下一个确切的定义。这个特性与其他特性不同，至少有部分相异之处，这是由于有一个或多个不同的基因在起作用。需要注意的是，客观评估遗传的影响需要对具有同一特征的两个或两个以上的状况进行比较。蓝色眼睛是遗传的，这个表述如果没有进一步的条件限定便毫无意义，因为蓝色眼睛是基因与最终使虹膜着色的生理环境相互作用的产物。但若说蓝色眼睛与棕色眼睛之间的差异完全或部分由基因的差异所致，这倒是个有意义的表述，因为它可以被检验，并且从中可以推导出遗传的规律。于是我们要寻找更多其他信息，要弄明白父母、兄弟姐妹、子女及更远亲属的眼睛是什么颜色。可将这些信息同最简单的孟德尔遗传模式进行比较，这一模式以对细胞复制和有性生殖的了解为基础，只需要两个基因便可以启动。如果上述信息与该模式相符，便可解释眼睛的颜色差异只缘于两个基因；如果不相符，则继续采用更为复杂的模式。如此这般，假定的基因数量越来越多，所采用的相互作用模式越来越复杂，直到获得一个合理的解释。在上述例子中，蓝色眼睛和棕色眼睛的主要差异确是缘于两个基因，虽然也存在一些复杂的变化，使得这些差异不够格登上教科书做样本。最复杂的特性有时候会牵涉成百上千个基因，即使借助复杂的数学方法也只能粗略估算这些基因的影响力。不过，只要分析得当，就几乎可以确定遗传影响的存在及影响力。

人类的社会行为基本上也可以用与此相同的方法加以衡量，首先将人的社会行为与其他物种的行为做比较，然后研究人群内部的行为变异。后者的难度更大，有更多的不确定性。当我们将选定的几大动物类目与人类物种进行比较时，遗传决定论就显得极为明晰起来。人类的某些主要特性与亚、非两洲的巨猿和猴子的大部分特性相似，根据解剖学和生物化学的研究，它们是现存物种中在进化上与人类最接近的。

· 我们的亲族社会群落由 10 到 100 个成年人组成，而不会只有 2 个（如大部分鸟类及中南美洲的狨），也不会多达上千个（如许多鱼类和昆虫类）。

- 雄性动物比雌性动物体格大。这是旧大陆的猴子、猿猴及许多其他类型的哺乳动物一个非常重要的特征。如果将多个物种放在一起研究，就会发现在求偶竞争中取胜的雄性动物赢得雌性配偶的平均数量与雌雄动物在体格上的差异密切对应。这个规律是说得通的：雄性对雌性的竞争越是激烈，体格较大者得利的可能性越大，而体格较大造成的不利影响也越小。男人的体格并不比女人大多少，在这个方面人类和黑猩猩极为相似。如果将人类两性在体格上的差异绘成一条曲线并与其他哺乳动物的体格差异曲线对照，那么可以预测每个成功求偶的男性平均可拥有一个以上、三个以下的女性。这项预测和事实很接近，要知道人类这个物种略有多妻倾向。
- 年幼者须接受长期的社会训练，首先是通过与母亲的亲密接触，然后才渐渐接受同性、同龄者的影响。
- 社会性游戏是高度发达的活动，具有角色实践、模仿凌弱行为、性实践、探险等特征。

上述特点再加上其他一些特点可以区分出一种群体，其中包括旧大陆的猴子、巨猿和人类。难以想象人类通过社会化形成和现在完全不同的群体特征，譬如像鱼类、鸟类、羚羊、啮齿动物等其他群体。人类有可能会有意识地模仿这样一些特征，但这只是在舞台上虚构的表演，有违人类的内在情绪反应，不可能持续很长时间。即使为了某种重要目的而采纳非灵长类物种的社会体系，哪怕是大致地采纳，也是极端愚蠢。在那种状态下，人格很快就会消亡，人际关系也会分崩离析，人类繁衍也会终止。

在下一层级更精细的分类中，人类与旧大陆的猴子和猿猴明显不同，这只能说是由人类独一无二的基因所致。当然，这一点连最激进的环境论者都立刻首肯。他们赞同伟大的遗传学家费奥多西·多布然斯基（Theodosius Dobzhansky）的一个观点："从某种意义上来说，人类基因在人类进化中的首要作用已被一种全新的、非生物学的或者说超越生物体的事物所取代，那就是文化。然而，切不能忘记这个事物完全有赖于人类的基因型。"可是实际情况比这深刻得多，也有趣得多。经过周密的观察，在人类所有的文化之中，有些社会性特征是人类所独有的，就像其他物种也会具有一些完全不同的特征一样，比如豹纹蝶翅膀背侧的黑色或银色斑点，或画眉春啼的复杂旋律。1945 年，美国人类学家乔治·P·默多克（George Murdock）罗列了历史上及人种史上已知的每一种文化都具有的特征：

> 年龄分级制、体育运动、身体彩饰、历法、清洁训练、社会组织结构、烹饪、合作劳动、宇宙论、求爱、舞蹈、装饰艺术、劳动分工、释梦、教育、来世论、伦理、人种植物学、礼仪、信仰疗法、家宴、取火、民间传说、食物禁忌、葬礼仪式、游戏、手势、礼品馈赠、管理、问候、发型、殷勤招待、建房、卫生、乱伦禁忌、继承规则、玩笑、亲族群体、亲族称谓、语言、法律、迷信、魔术、婚姻、用餐时间、医学、产科学、惩罚性制裁、

个人名字、人口政策、产后照料、妊娠习俗、财产权、求神、成人仪式、宗教仪式、居住规则、性限制、灵魂观、地位等级、外科学、工具制造、贸易、访游、纺织及天气预报。

上述特征可以自成一体，几乎都不能说是高级社会生活或高级智慧的必然产物。我们很容易就想到某些非人类社会，其成员甚至比人类更聪明，其社会组织亦比人类的更复杂，但却没有上述大多数特征。就拿昆虫社会固有的可能性来说吧，无生育能力的工虫比人类更懂得合作，更无私，而且它们明显更倾向于等级制和分工劳动制。如果蚂蚁有和人类一样善于推理的大脑，它们就能成为和人类并驾齐驱的群体。它们的社会可能表现出如下特性：

年龄分级制、触须礼节、舔身体、历法、同类相食、等级确定、等级规则、群落建立规则、群落组织、清洁训练、集体哺育、合作劳动、宇宙论、求爱、劳动分工、雄性统治、教育、来世论、伦理、礼仪、安乐死、取火、食物禁忌、礼品馈赠、管理、问候、整理清洁仪式、殷勤招待、建房、卫生、乱伦禁忌、语言、幼虫照料、法律、医学、蜕变仪式、相互反刍、护理等级制、交配飞行、营养卵、繁殖政策、服从王后、居住规则、性别确定、士兵等级制、姐妹关系、地位等级、无生育能力的工虫、外科学、共栖照料、工具制造、贸易、访游及天气预报。

还有其他一些活动甚是奇怪，用我们的语言简直没法描述。如果它们能够有计划地消除不同蚁群之间的斗争并且保护自然环境的话，它们将有比人类更强的生存能力，从广义上来说，它们的道德境界可能比人类更高。

文明并不是人类所独有的。它仅仅是偶然地与无毛双足哺乳类动物以及特殊的人类本性扯上关系。

弗洛伊德（Freud）曾说，上帝对于其造物品质的良莠不齐应负罪责。这句话还有更多的言外之意：人性只是众多构想的大杂烩。但是哪怕只丧失一小部分人类特性，都有可能会出现一场令人束手无策的大混乱。即使是模仿和自己血缘最近的旧大陆灵长类的行为，人类也是无法忍受的。如果与一群人达成了一个荒谬的协议，让他们彻头彻尾地模仿黑猩猩或大猩猩与众不同的社会行为，他们的努力一定会马上失败，而他们也会完全转变回人类的行为模式。

我们还可以做出这样一种有趣的设想：如果有些人从出生起就在一个几乎不受文化影响的环境中成长，他们必会从头开始创建人类社会的基本要素。新的语言要素会在短时间内发明出来，然后文化就会渐趋丰盛。罗宾·福克斯（Robin Fox）是位人类学家，也是人类社会生物学的先驱，他曾用坚定的口吻提出过这个假设。传说埃及普萨美提克法老（pharaoh Psammetichus）和苏格兰国王詹姆斯四世（King James IV）抚养后代的方式很特别，他们让孩子远离长者并完全不让孩子与社会接触。福克斯猜想，如果做一个类似的残酷实验，以这种方式成长的孩子们能够学会彼此交谈吗？

我并不怀疑他们能说话，从理论上讲，假以时日，即便没有人去教他们，他们或他们的后代也会发明出一种语言。虽然这种语言和我们已知的任何一种语言截然不同，但对于语言学家来说是可以按照与其他语言相同的原理加以分析的。但我还要再进一步。如果我们新一代的亚当和夏娃在与所有文化彻底隔离的情况下可以活下去并生儿育女，他们最终会形成一个社会，这个社会拥有财产法、婚姻和伦常规则、禁忌和回避风俗、尽量和平解决争端的方法、对神灵的信仰及相关祭拜活动、社会地位体制和显示社会地位的方法、成人礼、包括女性装饰在内的求爱活动、各种象征性的身体彩饰方式、只允许男性参加的特定活动和社会交往、某种形式的赌博活动、工具和武器制造行业、神话和传说、舞蹈、通奸、各种各样的毛病（如杀人、自杀、同性恋、精神分裂症、精神病、精神官能症等）以及形形色色的医生（他们究竟是打着治病的幌子谋利还是真的医术有方则取决于人们对他们的看法）。

人类社会行为的基本特征不仅仅是一些固有的特质，在一定程度内，它们与其他哺乳动物尤其是灵长类动物的绝大部分特征是相仿的。少数用于组织行为的信号能合理地被认定是祖传的，它们至今依旧在旧大陆猴子和巨猿身上表示现出来。害怕时面部扭曲、微笑甚至大笑等面部表情黑猩猩也有。如果人类是旧大陆灵长类祖先的后代（这是一个可论证的事实），如果人类社会行为的发展只保留少许遗传上的限制（这是一个尚在探索中的涉及面更广泛的假设），那么这种广泛的相似性正是我们所预期的模式。

  黑猩猩的情况尤其值得我们密切关注。我们对这种最聪明的猿类所知渐多，这在很大程度上动摇了人类唯人独尊的崇高信条。首先黑猩猩与人类在解剖与生理细节上极为相似，然后我们发现两者在分子水平上也非常相近。生物化学家玛丽－克莱尔·金（Mary-Clair King）和艾伦·C·威尔逊（Allan C. Wilson）曾比较了附带44个基因座上基因编码的蛋白质，结果发现黑猩猩和人类之间的差异量总和与两种相差无几的果蝇之间的遗传差异相当，只有高加索人、非洲黑人及日本人之间差异量的 25 到 60 倍而已。黑猩猩和人类的遗传路线大约只在 2000 万年前才分岔，而这段时间在进化史上是相当短暂的。

  如果严格比照人类的标准，黑猩猩可算是中度智力迟钝。它们的大脑只有人脑的三分之一大，且它们的喉部构造也与原始猿猴的喉部构造相同，因此它们不能清晰发出人类的语音。但是在有人训育的情况下，个别黑猩猩能够以美洲印第安式手语或在演示板上有序摆放塑料符号的方式与人交流。最聪明的黑猩猩可以学会 200 个英语单词及最基本的造句法，可以造出"玛丽给我苹果"和"露西给罗杰搔痒"这样的句子。美国亚特兰大市耶基斯灵长类动物中心（Yerkes Regional Primate Center）的伦堡（Rumbaugh）训练了一只名叫拉娜（Lana）的雌猩猩，它曾生气地用代码对训练员说："你这个绿色屁蛋。"大卫·普雷麦克（David Premack）训练的一只名叫莎拉（Sarah）的雌猩猩能记住 2500 个句子，能够使用的句子也不在少数。这些接受过良好训练的黑猩猩能听懂复杂的训令，诸如"如果红的在绿的上面（反过来则不行），那你就拿红的（而不是绿的）"，或"你把香蕉放到桶里，把苹果放到盘子里。"它们自己也会发明一些新的表达法，如叫鸭子"水鸟"，叫西瓜"饮用水果"，这和英语的发明者突然想出的那些单词基本相同。

在语言的创造性和造词趋势上，黑猩猩与人类儿童并不是差得很远。但是还缺乏能说明真正语言创新性的证据：没有一只堪称天才的猩猩可以将两个短句子结合成更复杂的句子，譬如说，它们无法将"玛丽给我苹果"和"我喜欢玛丽"组合成"玛丽给我苹果所以我喜欢她。"人类的智能比黑猩猩高出许多，但猿猴具有运用符号和造句来沟通的能力。现在有许多动物学家怀疑动物与人类之间是否真的存在一条无法跨越的鸿沟。杰出的人类学家莱斯利·怀特（Leslie White）在 1949 年曾说："人类行为就是符号行为，符号行为就是人类行为。"现在我们再也不能这样说了。

最近又跨越了一条鸿沟，那就是自我意识。心理学家戈登·G·盖洛普（Gordon G. Gallup）曾让黑猩猩照了两三天的镜子，结果它们不再将镜子里的成像当做是别的猩猩，它们认出了那就是它们自己。这个时候它们开始使用镜子来了解原先自己无法看到的身体部位。它们做鬼脸，将牙缝中的食物渣剔除，还会噘起嘴唇把口水吹成泡泡。但是猴子和长臂猿面对镜子并不会出现这样的行为，盖洛普和其他人做了多次尝试结果仍是如此。研究者还将猩猩麻醉，然后在它们的脸上局部染色，这些猩猩的表现更令人相信它们是有自我意识的。它们在镜子前逗留的时间增多，仔细观察它们外形的变化，还会嗅一嗅触摸过染色部位的手指。

如果已具有自我意识以及与其他智慧生物交流想法的能力，那么人类心灵的其他特质也并非不可企及。普雷麦克曾想过将死亡的概念灌输给黑猩猩，但他犹豫了。他说：

> 如果猿类像人一样惧怕死亡，并像人类一样稀奇古怪地处理这种认知，情况会怎么样呢？……我的目标不仅是让它们知道死亡，重要的是要找出个方法来确定猿的反应不像人类那般恐惧。人类对死亡的恐惧导致了仪式、神话和宗教的产生。在我想出灌输死亡概念而又不致其害怕的具体步骤之前，我不想让猿认识死亡。

那么，黑猩猩的社会生活又是怎样的呢？它们的社会组织极其简单，甚至比边狩猎边采集的采猎社会还要粗陋得多，后者具有所有人类生活中最简单的经济组织。但是仍有一些明显的基本相似性。这些类人猿结群而居，成员最多可达 50 只，每个猿群又会临时分成更小的猿群，并在短短几天内分而又合。雄猩猩比雌猩猩略大，其程度与人类相差无几。在一目了然的等级制度中，雄猩猩占据着统治地位。猩猩幼崽与母亲极其亲密地在一起生活数年之久，有时一直到成年。

年幼的黑猩猩相互之间维持亲近关系的时间也很长,当母亲死后,有的甚至还要收养弟妹。

每个猩猩群落占据的栖息地约有20平方英里(约52平方公里)。相邻而居的猩猩群落很少碰上,一旦碰上局面总是十分紧张。在这种情况下,发情的雌猩猩和有孩子的年轻雌猩猩会在两个群落之间移居。但有些情况下黑猩猩极具领土保卫意识,会凶残杀戮。珍·古道尔(Jane Goodall)曾经在坦桑尼亚的贡贝河保护区(Gombe Stream Reserve)开展过一项著名的研究,在那里,来自某个猩猩群落的一伙雄猩猩侵入相邻一个较小猩猩群落的领地,对奋起反击者攻击,并不时地弄伤它们。最后,较小群落将自己的领地拱手相让给了侵略者。

黑猩猩和原始人一样,主要靠采集果蔬为生,狩猎是次要的。两者饮食的差别在于比例的不同。总体来看,采猎部落平均从鲜肉中所获取的热量占全部食物的35%,而黑猩猩则在1%到5%之间。原始人猎手能捕获任何大小的猎物,包括比人重百倍的大象,而黑猩猩很少攻击比成年雄猿大1/5的任何动物。也许黑猩猩与人最相似的行为方式就是它们在狩猎时也会运用智慧和合作。通常只有成年雄猩猩才去追猎动物,这又是一种与人类相似的特征。一旦锁定一个可能的猎物(如一只黑长尾猴或一只小狒狒),黑猩猩就会用姿势、动作和表情传达出它的意图。其他雄猩猩接获信号后便会转身双目凝视那个目标。它们的姿态很紧张,部分毛发竖立,并且默不作声——以人的眼光来看,这是一种显著的变化,因为平常黑猩猩是动物中最爱喧闹的。这种警觉的状态最后会被突如其来的、几乎是一哄而上的追捕所打破。

雄猩猩在猎捕时常用的策略是混入狒狒群中，然后突袭一只小狒狒。另一个策略是包围并接近猎物，不管猎物是否正紧张兮兮地逃窜。在贡贝河保护区，一只名叫菲根（Figan）的大胆雄猩猩追猎一只小狒狒，小狒狒爬上了一棵棕榈树的树干。少顷，在附近休息、理毛的几只雄猩猩也站起来加入追猎的行列。其中有几只猩猩站在树下等候，其他几只则分散开来到附近几棵树底下等待，因为小狒狒有可能利用那几棵树逃离。小狒狒果然跳向另一棵树，而在那棵树下等候多时的猩猩迅速地向它爬去。最后小狒狒设法跳到 20 英尺远的地上，跑向附近的狒群寻求庇护。

它们对肉食的分配也是协作进行的，其方式是有求乃应。想要吃肉的黑猩猩会目不转睛地盯着肉看，并把脸凑向肉或正在吃肉的猩猩的脸。它还会伸出手触碰一下肉以及吃食者的下巴和嘴唇，或者把手掌摊开放在下巴下方，手心朝上。有时候拥有猎物的雄猩猩会猝然跑开，但通常会默许其他猩猩直接咬嚼肉块，或自己用手扯下几小块肉分给其他猩猩。少数情况下，雄猩猩甚至会撕下一块块肉分发给乞食者。用人类的利他主义标准来看，这个行为微不足道，但在动物中却是十分罕见，可以说是猿类的一个巨大进步。

最后，黑猩猩还有一种原始的文化。来自欧洲、日本和美国的一群动物学家曾对非洲丛林中的野生黑猩猩群落进行了 25 年的研究。他们发现黑猩猩在日常生活中使用的工具数量极多，其中包括用树枝和小树作为抵挡豹子的武器；在攻击狒狒、人类或其他黑猩猩时会投掷树枝、石块和一把一把的植物；用树枝挖开白蚁窝，并将去掉叶子的植物茎杆从中间折断，用来"钓"白蚁；用树枝撬开箱盒之类的东西；还会用嚼烂的叶子做成"海绵"吸出树洞里的水。

学习与玩耍是习得工具使用技能的关键。小猩猩在两岁时如果被禁止摆弄树枝，它们日后借助树枝解决问题的能力就会变弱。如果让被监禁的小猩猩摆弄一些玩意，就能使相应的技能熟练起来。黑猩猩在2岁以前只会触摸或抱着物体，并没有控制物体的企图。随着年岁渐长，它们会拿一个东西去敲打或戳弄另一个东西，同时也提高了运用工具解决问题的能力。非洲的野生黑猩猩也有类似的发展过程。六周大的黑猩猩幼崽会在母亲的怀抱中伸手拨弄树叶和树枝。稍大一点的小猩猩会不断用它们的眼睛、嘴唇、舌头、鼻子和手来观察环境，每过一些时候，它们还会摘下树叶挥舞。在这个发展阶段，它们一点一点地学会使用工具。有人曾看到一只八个月大的黑猩猩幼崽将一些草茎塞进它的其他玩具里，它竟然是想用这个来擦东西的，比如擦石头或擦它母亲身上的污物。这种行为模式很可以与"钓"白蚁的行为联系起来。在"钓"白蚁时，黑猩猩诱使白蚁爬上植物茎杆，然后迅速把它们吃掉。在玩耍时，有些猩猩幼崽就会用草茎做成钓蚁工具，它们先把大叶子扯碎，然后把叶柄从长长的草茎上咬下来。

珍·古道尔已获得了直接的证据，可以证明这些传统在传递过程中有模仿行为。她观察到猩猩幼崽在一旁观看成年黑猩猩使用工具，待成年黑猩猩离去后，便拿起工具试用。有两次她还看见一只三岁大的黑猩猩仔细观察它的母亲用树叶擦屁股上的粪便，然后它自己也捡了些树叶模仿母亲刚才的运作，尽管它的屁股是干净的。

黑猩猩能发明一些技巧并传授给同类。使用树枝撬开食物盒便是一个好例子。这个方法是贡贝河保护区的一只或几只黑猩猩发明的，后来通过模仿，显然传遍了整个猩群。有一只新来的雌猩猩躲在灌木丛中偷看其他黑猩猩怎样撬开盒子。当她第四次探访该地时，终于走向空地，捡起一根树枝去拨弄盒子。

在非洲所记录的每一种使用工具的行为都只在某些黑猩猩族群里才能看到，但在那几个族群范围内大致上是连续分布的。如果这种行为像文化那样传播，那么这便正是我们所预期的模式。最近，西班牙动物学家乔·萨贝特－皮（Jorge Sabater – Pi）绘制了黑猩猩使用工具的图表，这些图表或许会被收录到人类学教科书关于原始文化的章节中。虽然有关发明与传播工具使用方法的证据大多是间接的，但这些证据已表明类人猿已设法跨过文化进化的门槛，因而已迈进人类的领域，这一点意义重大。

以上对黑猩猩生活情况的说明旨在认证一个观点，我认为这是有关人类状况的一个基本观点，即根据传统进化程度衡量标准及心理学的基本标准，我们并不孤单，我们有一个堪称兄弟的物种为伴。黑猩猩的社会行为与人类的社会行为有相似之处，结合解剖学、生物化学对新近提出的遗传分化观点的有力探索结果，便构成一组极具说服力的证据，让人无法认为只是巧合。我现在相信，黑猩猩与人类社会行为的相似性至少部分缘于两者拥有相同的基因。如果这个命题含有真理的话，那就会使我们更迫切地想要保护各种类人猿、旧大陆的猴子和较低级的灵长类动物，并对它们做更深入的研究。对这些物种的了解越透彻，我们就越能清晰地看到遗传分化如何逐步发展，人类如何达到独有的进化水平。

以上论证可概括如下：以所有其他物种为大背景，人类本性的基本特征会显得既有限又独特。还有一些证据表明，形式较为固定的人类行为是哺乳动物的行为，尤其具有灵长类动物的特征，如同一般进化论所预见的那样。在社会生活细节和心智特性上，黑猩猩已经和人类非常接近，某些方面几乎可以与人相提并论，而在从前进行这些比较被认为是不妥当的。这些事实与"人类社会行为是由遗传决定的"这一假设相吻合，更确切地说，人类行为是由某些基因组织而成的，这些基因中有的是人类与近亲物种共有的，有的是人类物种所特有的。同样的事实也反驳了长期以来一直统治着社会科学的一个截然相反的假设：人类已摆脱了自身基因的影响，达到完全受文化制约的地步。

让我们系统地探究一下这个问题。遗传假设的核心是根据新达尔文进化论直接推导出来的一个命题，即人性的各种特征在人种进化期间有过适应性的变化，因而基因便在易于形成那些特性的人群中扩散开来。适应性简单来说就是：如果个体显现出某些特征，则他要比不显现该等特征者更有可能将自身基因传递给下一代。从这种最严格的意义上来讲，个体的差别优势就叫做遗传适应。遗传适应有三个基本成因，即较强的个体生存能力、较强的个体繁殖能力及同宗同基因的近亲具有较强的生存能力与繁殖能力。以上一个或几个因素若有改进，遗传适应便越显著。达尔文所谓的自然选择过程描述了一种刻板的因果循环。如果拥有某些基因便注定使个体形成某种特征（比如某种社会反应），同时这些特征导致较强的遗传适应，那么这些基因便有更多机会在下一代重现。如果自然选择延续许多代，那么优势基因会传遍整个种群，相应特征会成为这一物种共有的特征。根据这种逻辑，许多社会生物学家、人类学家假定人性是由自然选择塑造的。

若说纯粹的文化行为及由遗传决定的行为都遵循社会生物学理论，那也并不稀奇，但增加了分析的难度。几乎纯文化的生物社会学是可能存在的。就算人类只有生存、繁衍的基本动力以及创造文化的能力，他们仍能学会多种形式的社会行为来提高他们的生物适应性。但是，如同我将要说明的那样，这种文化模仿是有限的，而且通过某些方法能将文化模仿与结构更明显的生物适应性区分开来。这种分析需要谨慎地运用生物学、人类学和心理学的方法。我们关注的焦点有两个，一是人类社会行为与社会生物学吻合到什么程度，二是有何证据表明人类在形成社会行为之时显现出来的先天倾向性强度及自发性是受到遗传的限制。

现在让我把这个核心命题以稍微直接而有趣的方式重新

陈述一遍：如果人性的遗传成因不是源于自然选择，那么基本的进化理论就有麻烦了。至少进化论得做些变动，以便解释那新奇得难以想象的种群遗传变化是怎么回事。因此，人类社会生物学得添设一个目标，就是探究人性的进化是否符合传统的进化理论。这种努力可能会失败，但对于富有冒险精神的生物学家来说，这倒像是霰弹爆破或薄冰碎裂，不会让他们不快。

我们可以很确定地说，人类社会行为的遗传进化基本上都在文明萌芽前 500 万年发生，当时的人类是采猎族群，人数稀少，流动性较小。另一方面，从农业和城市出现时开始算，文化进化的历程只有 1 万年左右，在此期间，虽然某种遗传进化仍在继续，但对人性特征的影响微乎其微。不然的话，至今仍过着采猎生活的人应和先进工业国家的人有显著的遗传差异，但事实并非如此。由此可见，研究采猎社会或历史最悠久的无文字游牧农业社会可以最直截了当地检验人类社会生物学。我们得出的结论是，最接近社会生物学的社会科学是人类学，而不是社会学或经济学。在人类学中，人性遗传理论是最直接的研究对象。

科学理论的有力之处在于它能利用少数不言而喻的概念来详细预测可观察到的现象。正因此故，波尔原子使现代化学成立，现代化学又再创造了细胞生物学。此外，一个理论的有效性取决于其预测是否比其他理论的预测更能成功地说明现象。哥白尼（Copernicus）的日心说在经过一番短暂的抗争后便压倒了托勒密（Ptolemy）的学说。最后，一个理论若将大量事实放入容易记忆且合用的解释性框架中去，且新发现的事实与它的主张相吻合，那么该理论在科学家中的影响力和威望便会与日俱增，比如地球是圆的比地球是平的更合理。获得促使科学进步的重要事实有两种方式，一是通过专门设计的实验，二是凭灵感观察无人为痕迹的自然现象。科学一直是以这种半碰运气、跌跌撞撞的方式前进着。

就人性遗传进化理论而论，如果要将它变成真正科学的一部分，我们就应该从生态学和遗传学中选出最适宜的原理（本来就以该理论为基础的原理），然后将它们仔细改造，使它们适用于解释人类的社会组织。该理论不仅应在解释许多已知的事实时比传统的解释更令人信服，还应能证明社会科学未曾想到过的新知识。以此方式加以解释的行为在人类的所有行为中应是最普遍、最不理性的，即最不受日常反省和文化变迁影响的那部分行为。换句话说，这些行为是先天的生物现象，最不容易受到文化模仿的影响。

这些便是对人类社会生物学这门尚未成熟的学科所提出的苛刻要求，不过有充分的理由证明这些要求是合理的。社会生物学以自然科学的身份闯入社会科学的领域，而且从一开始便很不公平地拥有心理学的优势。如果"硬"科学的观念和分析方法可以毫无违和感地长期奏效，那么就不必划分自然科学和人文科学这两种文化了。但是，如果要改变人性的概念，也应借助于符合科学论证原则的真理，而不是另造一个新的教条，不管人们如何热切盼望着这种教条。

对社会生物学进行更深入的探索是本书后面六章的主

题。其中有些探索在理论上已经成熟，有些还只是大胆的猜想。现在为了解释探索的方法，我要举两个简单的例子。

乱伦禁忌是人类社会行为中最普遍的现象之一。世界上任何一个地方都有文化严禁兄弟姐妹之间以及父母与子女之间性交。但是至少兄弟姐妹性交禁忌有一种更深刻、更无理的施行方式：生活在一起的兄弟姐妹中有一人或全部长到6岁，他们之间便自动形成性的厌恶。在以色列集体农场进行的一系列研究【其中海法大学的约瑟夫·谢弗（Joseph Shephe）所开展的研究最详尽】表明，同龄人之间的性别厌恶与事实上的血缘关系无关。在2769对夫妻中，没有一对是从出生起就生活在同一个集体农场的同龄伙伴。甚至也找不出一个婚前两性行为的记录实例，尽管集体农场的成人并不反对这种事。在稍开放一点的社会里，乱伦行为的确偶有发生，但通常会招致羞辱与谴责。一般来说，母子乱伦是最让人无法接受，兄弟姐妹乱伦次之，父女乱伦再次之。但是所有乱伦行为通常都是遭到排斥的。在当代美国，最令人厌恶的色情文学形式之一就是描写父亲与其未成年女儿之间的性行为。

乱伦禁忌能带来什么好处？人类学家赞同的一种解释是这种禁忌避免了乱伦导致的角色混乱，因而能保持家庭的完整性。另一种解释是乱伦禁忌有利于在不同社会群体之间进行交易时用妇女作筹码【该解释最早由爱德华·泰勒（Edward Tylor）提出，后来由克劳德·列维－施特劳斯（Claude Levi-Strauss）在其名著《亲缘关系的基本结构》（*Les*

Structures Elementaires de la Parente）中综合成一个完整的人类学理论】。如此说来，姐妹和女儿本不是用来婚配，而是用来换取权力的。

占主导地位的社会生物学解释与上述解释相反，它将家庭完整性和婚姻交易视为副产品，或顶多不过是能起些作用的次要因素。它指出一个更深刻、更迫切的原因，即近亲繁殖会带来严重的生理学后果。人类遗传学家的研究已经证明，即使是相当有限的近亲繁殖也会导致后代整体体型变小、肌肉协调功能减弱、学习能力下降。目前已发现有100多种隐性基因可在纯合子状态下导致遗传疾病，近亲繁殖可大大提高这一状态形成的概率。对美国人和法国人所做的一项分析给出一个估算：每个人平均携带4种致死基因，相当于在纯合子状态下有4种直接致死的基因，或在纯合子只占50%的状态下有8种致死基因，或是其他在算法上等效的致死基因与衰老基因的组合。这样大的数目在动物当中很常见，因此近亲繁殖有致死的危险。在与父亲、兄弟或儿子发生性关系的捷克斯洛伐克妇女生育的161个孩子中，有15个是死胎或在出生一年内夭折，有40%以上的孩子带有各种身心缺陷，包括重度智力迟钝、侏儒症、心脏和大脑畸形、聋哑、结肠肿大、尿道畸形。与此相反，这些妇女在非乱伦情况下生育的95个孩子总体上正常，达到全国人口的平均水平。有5个孩子在出生一年内夭折，所有孩子都没有严重的心理缺陷，在90个存活的孩子中只有5人有明显的生理异常。

近亲繁殖的病理症状以一种极端而明确的方式印证了自

然选择。种群遗传学的基本理论表明，所有能避免乱伦（无论情节严重于否）的行为倾向在很久以前就传遍了人类种群。族外婚姻极有好处，我们甚至可以认为文化的进化是与它息息相关的。家庭完整性及其在政治交易中的影响力可能确实是族外婚姻的可喜结果，但它们更像是权宜之计，或间接的文化适应，这是出于生物学上的原因而不得不选择族外婚姻。

在人类历史上出现过成千上万个社会，其中只有晚近的几个才拥有遗传学知识。各个社会几乎没有什么机会对族内婚姻做理性的分析。部落会议不会去计算基因频率和突变负荷。如果人与人之间已形成夫妻关系以外的亲属关系，基本上会无意识地、非理性地自动排斥彼此之间性的结合，亦即凭"直觉"认为乱伦必须受礼仪制裁。以色列儿童所表现出来的性排斥正是生物学家所谓的"近因（直接原因）"的一个例子。在此例中，心理上的直接排斥是乱伦禁忌的近因。生物学假设所提出的最终原因则是乱伦导致遗传适应性缺失。因乱伦而生的人后代较少，这是一个事实。生物学假设认为，有近亲性关系排斥及乱伦避讳遗传倾向的个体能将更多基因遗传给后代。自然选择可能就是沿着这条路线前行的，至今已历经几千个世代；人类也正是凭直觉通过这种简单、自动的性排斥规则来避免乱伦。我们承认中间发展过程但暂且绕开这一过程不谈，这样便可以用最明白的方式来说明这个观点：人类是由本能所驱使的，而本能是由基因决定的。

兄弟姐妹乱交中有这样的中间发展过程，其他类型的乱伦禁忌中也极有可能存在这样的中间过程。

攀婚是指女性同在财富和地位上与自己相当或优于自己的男性结婚。在人类和大部分社会性动物中，总是女性通过择偶来获得发展。为什么会有这种性别上的不公平呢？罗伯特·L·特里弗斯（Robert L. Trivers）和丹尼尔·E·威拉德（Daniel E. Willard）在一本较为通俗的社会生物学著作中为此提供了一条重要线索。他们指出，在脊椎动物中（尤其是鸟类和哺乳类），一般较为壮硕的雄性交配频率较高，许多较弱小的雄性几乎没有交配的机会。然而，几乎所有的雌性都能成功交配。而且身体状况最佳的雌性能生育出最健康的后代，这些后代通常长大后也是最壮硕、最强健的。特里弗斯和威拉德后来评论道，根据自然选择理论，雌性在身体状况最佳的时候繁衍的后代雄性居多，因为这些后代长大后体格最大，求偶的成功率最高，并且会繁衍出最大数量的后代。当雌性身体状况变差时，它们生育的雌性后代逐渐增多，因为此时雌性后代才是比较安全的投资。根据自然选择理论，导致此种繁殖策略的基因会传遍整个族群，而助长其他繁殖策略的基因会消退。

这个理论果然应验。针对此问题，曾有人研究了鹿和人类这两个物种。结果表明，当环境条件对怀孕不利时，雌性的出生率便不成比例地增加。水貂、猪、羊和海豹的相关数据似乎也符合特里弗斯和威拉德的预测。最直截了当的解释可能是：在不利条件下雄性胎儿的死亡率会变高。这一现象在很多种哺乳动物中都是有案可查的。

在出生之前改变性别比例当然纯属非理性的行为，事实上这是一种生理行为。人类学家米尔德里德·迪克曼（Mildred Dickeman）曾在意识行为方面检验过该理论。她提出一个问题：为了遵循最佳繁殖策略而杀婴是否可改变两性的比例？答案是肯定的。印度在受英国殖民统治之前以及殖民统治期间，女性嫁给社会地位较高的男性从而向更高社会阶层流动是受到宗教与习俗认可的；而上层社会杀戮女婴之事也经常发生。贝迪锡克教徒（Bedi Sikhs）是旁遮普（Punjab）最高等的僧侣次种姓，他们被称为"库力－玛（Kuri-Mar）"，意思是屠杀女儿的人。他们几乎杀光了所有女婴，只全心全意培养儿子，儿子将来可以同种姓等级较低的女子结婚。在革命以前的中国，有很多社会阶层也普遍杀戮女婴，其本质与印度杀戮女婴相同，都是为了让女性带着嫁妆向更高的社会阶层流动，把女性和财富集中在少数中上流阶层手中，最贫穷的男性几乎被排斥在生育系统之外。这种模式是否在人类文化中广为流行，还需要进一步了解。目前只有几个案例，我们有必要密切关注生物学理论，对这一现象再研究一番。

女性的攀婚以及杀戮女婴都缺乏理智。对它们很难加以解释，除非将它们看成是一种遗传性的先天倾向，目的是在与社会其他成员的竞争中最大限度地扩大后代的数量。迪克曼率先进行的这类研究若能扩展到其他社会中去，会有助于更严格地检验这一命题。如果获得成功，可能会弄清更深层次的心理过程，使我们了解人类为何抛弃显然是理性的诸多选择，而偏偏选择某种难以理喻的做法。

借助其他更直接的心理学方法也可以探索人性。相比那些需要动脑子且因人而异的行为，非理性而又人皆有之的行为应该更能抵挡文化剥夺所造成的扭曲影响，也不容易受到额叶以及大脑（长期理性思维的指挥部）其他高级中枢的影响。这类行为更可能深受边缘系统的影响。在进化中，边缘系统很早就在大脑皮层中出现了，它位于大脑中心附近。如果大脑的高级和低级控制功能在解剖学上多少有点分离，我们有望找到一些特殊的人群，他们的理性功能因为这样或那样的原因而受损，但本能却没有丧失。

这样的人是存在的。理查德·H·威尔斯（Richard H. Wills）在研究因智力迟钝而入院治疗的病人时，发现病人有两种明显不同的类型。"文化性智力迟钝者"的智力明显低于正常水平，但是他们的行为保留着许多人类所独有的属性。他们同护理人员交谈，彼此之间也交谈，而且他们能进行许多比较复杂的活动，比如独唱和合唱、听唱片、看杂志、执行简单任务、洗澡、整理仪容、抽烟、换衣服、取笑和指挥别人、自愿帮忙等。第二种是"非文化性智力迟钝者"，他们的智能急剧下降，完全不能进行上述活动，与他人的往来活动也很少可称得上是真正的人类沟通。由此看来，文化行为似乎是完全发生在大脑中的心理活动，否则便全然没有。但是非文化性智力迟钝者仍保留着大量较为"本能的"行为，即一些复杂且明显是哺乳动物才有的个体行为。他们会用面部表情和带有情绪的声音进行交流，会检查和操纵物体，也会手淫、观察别人、偷东西、划地盘、自卫、单独玩耍或集体玩耍。他们常常想与他人进行身体接触，会以准确无误的姿态和手势来调情和求爱。从生物学的角度来看，他们的反应一点也不反常。命运只是不让这些人进入大脑外皮层的文化世界中。

人类社会行为的变化在多大程度上是遗传所致？现在让我尽量对这个重要且复杂的问题作出解答。人类行为依然有些是生理决定的，并且和哺乳类动物的行为有相似之处。这个事实意味着直到不久以前人类行为还是受制于遗传进化过程。如果这是真的，遗传变异所影响的行为可能一直持续到文明时代。但是这并不意味着这种变异至今仍然存在。

我们可以想象到两个程度相当的可能性。第一种可能性是：人类物种在发展成目前这种状态时，遗传的变异性已经穷尽。影响社会行为的那仅有的一组人类基因在史前漫长艰辛的征途中幸存了下来。许多社会科学家明确表示支持这一观点，而且在提出此类问题的多种政治意识形态中，许多左翼知识分子也明确表示支持这一观点。他们承认，人类曾经有过进化，但只是进化成一种统一的、能使用语言的、拥有文化的物种。到了信史时代，人类早已成为环境手中一块极好的黏土了。现在能发生的只有文化进化。第二种可能性是：至少还存在一些遗传变异。人类或许已经停止进化，但是这个物种仍然具有遗传进化和文化进化的能力。

读者应注意的是，这两种可能性（一种是人类物种的变异完全是由文化决定的，另一种是人类物种变异是由文化和遗传共同决定的）都与有关人性的广义社会生物学观点不矛盾，即人类行为最凸显的特征是在自然选择中进化的，而且现在一些特殊的基因限定了整个物种的这些行为特征。

以上两种可能性说起来颇有些教科书的腔调，现在我得做些补充：相当多的人类行为变异缘于个体间的遗传差异，这一点已证据确凿。毋庸置疑，还有些遗传突变影响了行为。基因化学成分或者染色体结构与排列的各种变化，已确定的不下 30 种，它们会导致神经紊乱或损伤人类智力，对人类行为有影响。有一些引起极大争议但又给人无穷启示的例子，XYY 型男性便是其中一例。X 染色体和 Y 染色体决定人类的性别，XX 组合产生女性，XY 组合产生男性。大约有 0.1% 的人在受孕之时偶然多获得一个 Y 染色体，这些 XYY 型的人全都是男性。XXY 型男性在成年后个子很高，绝大多数身高在 6 英尺（约 1.82 米）以上。他们往往由于精神错乱而犯罪，在监狱或医院终了。起初人们认为这个多余的染色体会诱发较具攻击性的行为，制造出一类"遗传性犯罪者"。后来美国普林斯顿的心理学家赫尔曼·A·威特金（Herman A. Witkin）和助手们在丹麦搜集了大量资料并做了统计研究，得出一个比较良性的解释。他们发现，XYY 型男性并不比普通人更具攻击性，也没有表现出任何和其他丹麦人截然不同的行为模式。研究者发现的唯一一个差别是他们的平均智力水平偏低。对于 XYY 型男性入狱率高于常人最保守的解释是他们不善于躲避侦查。不管怎样，对这一解释还需谨慎。仅凭这一个研究我们还不敢肯定某些特殊形式的犯罪人格先天倾向是否是遗传的。

事实上，现在已确认有些突变会改变某些行为特征。特纳综合征产生的原因是两个 X 染色体中有一个未传递成功，这不仅会导致智力低下，还会导致形状回忆能力以及地图和其他图表上左右方向的定位能力严重受损。莱施－奈汉综合征（也称自毁容貌症）是由一个隐性基因诱发的，可导致智能降低以及拉扯撕抓身体的强迫倾向，最终会造成自残。这些遗传病患者和重度智力迟钝者一样，为我们更深入了解人类行为提供了难得的机会。这些病症可用遗传分析法加以分析。不管事先是否采取过医学预防措施，发现症状即可进行周密检查，确定大脑发生变异的部位，并注射激素和其他中止变异的化学药物，无需直接在脑部动手术。通过对大脑这部机器功能失常部分进行分析，就能对大脑状况一目了然。我们不要感情用事，将其称为冷血的行为，因为若要找到这些病症的医疗之法，这是最可靠的手段。

大多数遗传突变相当明显，像特纳综合征和莱施－奈汉综合征那样易于分析，这些突变也会导致缺陷和疾病。这种情况在动植物中和人类中都是如此，而且也完全不在意料之外。为了弄清原因，试将遗传想成是手表精细的构造。如果手表偶然受到震动或敲击而发生变化（如同因为突变人体的化学成分偶然发生了变化），手表的精确度很可能会降低而不是提高。

以上这些很有说服力的例子实际上还没有回答遗传变异和"正常"社会行为进化的问题。在一般情况下，像人类行为这样复杂的特性受到许多基因的影响，其中每个基因在对行为的总体控制中都只起很小的作用。这些多基因（polygene）

通常很难通过探查和追溯改变它们的遗传变异而被鉴别出来，必须通过统计手段对它们进行间接的估测。在人类行为遗传学中运用最广泛的方法就是比较同卵双生子与异卵双生子。同卵双生子是由单个受精卵在子宫中发育而成的。由受精卵第一次分裂形成的两个细胞并没有黏在一起，而是各自孕育成一个胎儿。因为双生子源于同一个细胞，拥有同一个细胞核和同一组染色体，所以他们在遗传上是相同的。相比较而言，异卵双生子源于两个不同的卵细胞，这两个卵细胞恰好同时进入生殖系统，并分别与两个不同的精子结合。它们所发育成的胎儿在遗传上并不会比不同年份出生的兄弟姐妹之间更相近。

同卵双生子和异卵双生子为我们提供了一个天然的对比实验。对比物是多组同卵双生子，任一组双生子之间的任何差异一定是环境造成的（极为罕见的新型突变除外）。异卵双生子之间的差异则可能是因为遗传、环境或遗传与环境之间的相互作用。假如就某个特征而言（譬如身高或鼻形），经证明同卵双生子的相似程度一般比同性异卵双生子的相似程度更高，那么两种类型的双生子之间的差异可初步证明该特征在某种程度上受遗传的影响。遗传学家已运用这种方法揭示了在各种影响社会关系的特征形成的过程中遗传起了什么作用，这些特征包括计数能力、语言流畅性、记忆、语言习得的时间长短、拼写、造句、知觉技能、心理动作技能、外向内向、同性恋、初次性行为的年龄以及某种形式的神经病与精神病（包括躁狂抑郁行为和精神分裂症）。

上述结论中还有一个棘手的问题，因而这些结论不能成为定论。同卵双生子从父母那里得到的待遇通常相同，比起异卵双生子来说更是如此。他们更多时候穿着同样的衣服，待在一起的时间更长，吃的东西也一样。因此，在缺乏其他证据的情况下，我们认为同卵双生子相似程度更高可能是因为环境所致。不过现在有更高级的新技术可用来处理这个附加因素。心理学家约翰·C·洛林（John C. Loehlin）和罗伯特·C·尼科尔斯（Robert C. Nichols）就采用了一种改良的技术来分析1962年参加"全美优秀奖学金"（National Merit Scholarship）考试的850对双生子的背景与成绩。他们仔细研究和评估的不只是同卵双生子和异卵双生子的差异，还有所有双生子的早期生活环境。结果表明同卵双生子通常得到的相似待遇并不足以解释他们在一般能力、个性特征，甚至在理想、目标、职业兴趣方面为何具有更高的相似性。该项研究得出的结论是：双生子的相似性要么大部分是因为遗传上的相似性，要么就是受到环境因素的影响，但后者至今仍不为心理学家所知。

　　我对现有资料的总体印象是，就影响行为的遗传多样性的质量和数量而言，人类还是一种普通的动物。如果这种比较是正确的，那么人类"统一心智"便可从教义降格为可供检验的假设。

　　我也相信不久我们就有能力鉴别出许多影响行为的基因。能够识别受基因指令的化学物中的细微变化大部分得归功于技术的进步，正因此故，我们对人类遗传细节的了解在过去 20 年内也突飞猛进。1977 年，遗传学家维克多·麦库西克（Victor Mckusick）和弗兰西斯·拉德尔（Francis Ruddle）在《科学》杂志（Science）上报告称已识别出 1200 种基因；已确定其中 210 种基因在染色体上的位置，至少有 1 种基因出现在所有 23 对染色体中。绝大多数基因最终都会影响解剖特征和生物化学特征，这些特征对行为的影响微乎其微。不过有些基因确实对行为有重大影响，少数行为突变与已知的生物化学变化密切相关。此外，我们已知道细微的行为控制伴随着激素和递质的变化，它们会对神经细胞产生直接影响。最近发现的脑啡呔和内啡肽是类似于蛋白质的物质，它们结构较为简单，能极大地影响情绪和性情。如果有一次突变改变了一种或多种此类物质的化学性质，则携带这种物质的人的个性可能会改变，至少会改变这个人在特定文化背景中形成某种人格的先天倾向性。因此不久便可能标出间接影响大多数复杂行为方式的基因在人类染色体上的位置，我认为这种可能性很大。这些基因不太可能规定具体的行为模式，不会有哪个突变是专门为改变性活动或服装时尚而发生的。行为基因更有可能影响情绪反应的方式和强度、唤醒阀值、学习这些而不是那些刺激的意愿以及对附加环境因素的感受模式，所有这些确定了文化进化的方向。

了解"种族"行为差异是否会出现同样令人感兴趣。但我首先要提出一个重要警告，因为这是所有论题中最容易引起强烈情绪反应、政治风险最大的一个。大多数生物学家和人类学家使用"种族"一词时语义很宽泛，他们不过是指一种被观察到的事实,即某些遗传特征(如平均身高、肤色等)在不同地区是不同的。假如说亚洲人和欧洲人在某一特征上有差别,意思就是这一特征在亚洲和欧洲之间出现了某种变化,并不意味着截然不同的"种族"能用该特征来区分,而且这种说法蕴含着另一种可能性,即该特征证明亚洲和欧洲的不同地区还有其他的差异性。此外,解剖学和生理学上的不同特征(如肤色和牛奶消化能力)也表现出非常不同的地域性(种族)变化模式。所以,科学家们早就认识到想要界定截然不同的人类种族实为无益之举。这些截然不同的种族实际上并不存在。同样重要的是,不管是生物学家、人类学家或任何其他人来描述地域性差异,都不应该带有价值判断,即不应判断所界定的特征是有价值还是没有价值。

现在我们准备以更加客观的态度来提问了:社会行为的遗传基础是否有地域性差异?强有力的证据告诉我们,人类社会之间所有的差异都基于学习和社会制约,而不是基于遗传。但是也可能并非完全如此。芝加哥大学心理学家丹尼尔·G·弗里德曼(Daniel G. Freedman)在对若干种族新生儿行为的一系列研究中提出了这个问题。他发现被研究者在以下方面有显著的平均差异:运动、体态、身体各部位肌肉弹性,以及某些不能合理解释为是训练或子宫内条件作用导致的情绪反应。例如,与美籍高加索裔新生儿相比,美籍华裔新生儿变化较少,不易被噪声和动作所惊,更能适应刺激和不舒服的环境,能较快地自行安静下来。更准确地说,这群随机选取的祖先是中国人的婴儿与祖先是欧洲人的对照样本在行为特征上有差别。

也有某种迹象表明，这种平均差异会一直延续到童年期。弗里德曼的学生诺瓦·格林（Nova Green）发现，芝加哥幼儿园的美籍华裔儿童与同龄美籍欧洲裔儿童相比较，花在与同伴接触、玩耍上的时间较少，花在个人自娱方面的时间较多。在性情方面，他们也表现出有趣的差异：

> 虽然这些美籍华裔儿童大多数正处在3岁到5岁的"高度兴奋年龄"，但他们难得有很强烈的情绪行为。他们跑跑跳跳，又叫又笑，骑自行车，穿着四轮鞋滑冰，和幼儿园里其他的孩子没什么两样，但是他们的喧哗声明显要低得多，情绪气氛也显得安宁而不骚乱。这些孩子们面部表情很少，有种威严和自重的神情，不过这只是影响总体印象的一个要素。他们的体能运动似乎更加协调，没有看到他们绊倒、跌倒、撞击或碰伤，没听到尖叫声、碰撞声或哭喊声，甚至听不到其他幼儿园孩子们之间常有的愤怒争执声。他们没有你争我夺的争吵，只有最轻微的"打架行为"，也就是大孩子们没什么脾气地互相扭打而已。

弗里德曼和他的助手们研究了纳瓦霍（美国最大的印第安部落）婴儿，他们比华裔婴儿还要好静。把他们拎起来向前拖时，他们不太愿意抬腿迈步；让他们坐下时，他们的背就弯起来了；如果让他们俯卧着，他们很少想爬动。以往总是认为纳瓦霍婴儿的被动性是由背篮造成（一种把小孩紧紧缚在母亲背上的装置）的。但弗里德曼认为实际情况恰恰相反，纳瓦霍婴儿比较好静的特点显然是天生的，正因为他们有这个特点，他们才可以让母亲以这么拘束他们自由活动的方式带着走。背篮象征着文化发明和婴儿素质之间的一种行之有效的妥协。

人类本是一个生物物种，那么即使我们发现不同种群的生理和心理特征（它们是社会行为的基础）在遗传上存在某种程度多样性，也不值得大惊小怪。发现这种自属性并不会玷污西方文明的理想。没有人强迫我们相信生物上的统一性，以便肯定人类的自由和尊严。社会学家马文·布雷斯勒（Marvin Bressler）曾经很确切地表达过这一观点，他说："某种暗地里将生物上的平等作为人类解放条件的思想败坏了自由的观念。此外，这种思想使一些正派的人担忧未来科学研究可能会有'麻烦的'发现。这种不当的反知性主义比卑鄙更卑鄙，因为它多半没有存在的必要。"

我想进一步说明，遗传多样性最终带给我们的是希望和骄傲，而不是绝望。因为我们是一个单一的物种（而不是两种或更多），是一个让各种基因代代流传和结合的伟大生殖系统。正是这种流传，一代又一代的人有着同一种人性。在这种人性中，相对次要的遗传影响在男性与女性之间、各个家庭之间及整个种群间以不断变化的方式反复循环。要了解这种生物统一性的巨大意义，试想如果南方古猿得以生存至今，那么它们在智力上介于黑猩猩与人类之间，在遗传上与黑猩猩和人类永相分离；它们会有很大程度的进化，只是在语言和高级推理能力上落后于人类。想想我们碰到的道德难题吧，我们要为它们尽什么义务？神学家们会怎么说？马克思主义者又会怎么看？他们可能认为出现了最彻底的被压迫阶级。我们是否应该把世界分一半给它们，引导它们将心智进化到人类的水平，并且因为两者在智力和技术上势均力敌而形成两个物种分而治之的局面？我们能确保它们不再进化成更高级的物种吗？不过还有更糟的情况，如果和我们一起生存的是智力上优于我们的物种（比如超人），那么人类这个较低等的同属物种在他们眼里也会成为需要解决的道德难题。想想在这种情况下我们的窘境吧！

第三章
发育

　　刚受精的卵子是个直径 1/200 英寸（约 0.1 毫米）的细胞，还算不上是个人。它是漂游到子宫内的一套指令。它那球形细胞核内大约有 25 万多对基因，其中有 5 万对指挥蛋白质的合成，其余的则调节它们的发育速度。受精卵钻进充满血液的子宫内膜后会不断分裂。子细胞的数量不断增长，重重叠叠、圈圈环绕、层层堆积。然后，它们就像神奇的万花筒一样变幻着，自行结合成为胚胎，将血管、神经和其他复杂的组织一一置于准确的位置上。细胞的每次分裂和转移都是由一连串的化学信息精心调动的，这些化学信息从基因传达到外面的蛋白质、脂肪和碳水化合物，它们是细胞的构成物质。

　　九个月后，一个人便创造出来了。从功能上看，它就像一根消化管，外面包着肌肉和皮肤。刚形成不久的心脏有节奏地跳动着，通过血管连续不断地将血液压送到身体的各个部位，使之生机勃勃。有限的身体活动则靠激素和神经之间复杂的相互作用来协调。生殖器官尚处于休眠状态，它们静静等待着数年以后由激素传来的准确信号，到那时它们便会开始第二次也是最后一次生长以完成生物体的最终生物功能。这个组合体的顶端是脑，它有 1 磅重（约 454 克），像奶油蛋羹一样浓稠，再复杂的人造机器也比不上它结构精巧。脑中分布着约 100 亿个神经元（细胞单位），每个神经元都和其他神经元发生成千上万次接触。无数神经纤维从脑部传递到脊髓，在那里与在身体其他器官之间来回传递信息和指令的别的神经连接。中枢神经系统由纵向排列的脑和脊髓组成，它接收来自不下于 10 亿个传感元素的电子信号，这些传感元素包括视网膜上的视杆细胞和皮肤上的压觉细胞。

现在新生儿就像是灵敏度极高的牵线木偶。从眼肌到眼与脑之间的反射站，呈扇形分布着成千上万个神经细胞，它们操纵着眼的运动，散布在前视野的高级整合中枢以及大脑皮层的其他中枢也操纵着眼的运动。新生儿也有听觉。每种频率的声音都会激活内耳中一连串感受器，这些感受器会将信号依次传递给大脑更高级的相应神经细胞群。信号向大脑传递，就好比内耳中装有一架钢琴弹奏出了旋律，接着后脑中间站、中脑下丘和前脑内侧膝状体、前脑听觉皮层中的全音阶板依次再度弹奏出旋律，就这样心灵以某种尚不为人知的方式"听到"了声音。

这个奇妙的全自动小人在父母的呵护下来到了人世。他迅速积累着经验，很快就会变成一个能够独立思考和感觉的个体。然后他会拥有社会行为的基本元素：语言、找伴侣、自尊心受伤害时的愤怒、爱、同族意识以及人类所特有的一切其他因素。但是，神经元的控制作用（这无疑是在基因中早就编好码的）能在多大程度上预先规定社会性发展的方向呢？是否可以说进化把这种控制接线图造就成一个万能的装置，它通过学习能够适应任何形式的社会存在？

这就是我们的参考框架，据此我们可以了解人类行为各方面的经验问题：从 25 万个基因到 100 亿个神经元，再到未知的各种社会体系。在上一章中我将人类和其他社会性的物种做比较，借此证明同时期的人类行为受到遗传的制约。正如进化理论所预料的那样，人类行为总是循着最普遍的哺乳动物特征发展。但是人类的潜力范围最终有多大？人类可以在多大程度上跨越甚至超出哺乳动物的发育轨道？要回答这个问题，我们必须参照遗传决定论来研究个体发育过程。

现在我们终于说到遗传决定论这个关键词。生物学和社会科学之间的全部关系得靠遗传决定论来解释。对于那些拒不承认社会生物学意义的人来说，遗传决定论意味着人类和昆虫的发育过程一样，都只限于一条单一的轨道，从一组既定的基因出发到一个预先指定的单一行为模式为止。蚊子的一生确实完全符合这种狭隘的理解。从有翼成虫脱离蛹壳到在有机物含量很高的污水里产下受精卵，其间的一系列复杂行为蚊子只有几天时间来完成。为此，雌雄蚊子都要迅速行动起来。雌蚊振翅的嗡嗡声对人类来说可谓刺耳之极，但对雄蚊来说却是悦耳的情歌。没有任何恋爱经验的雄蚊会朝着歌声来处飞去。一只黄热雌蚊的嗡鸣声频率为 450—600 赫兹（每秒周期数）。在实验室里，昆虫学家敲击设置成这个频率的音叉就可以把雄蚊吸引过来。如果给音叉覆上干酪包布，有些极度兴奋的雄蚊就想和它交尾了。雌蚊可不会如此冲动，但它们的生命仍然是遵循基因下达的严格指令前进的。雌蚊搜寻猎物时可根据体热锁定人和其他哺乳动物，或者根据皮肤散发出来的乳酸味来锁定其他猎物。它们会轻轻降落在猎物身上，把两根细尖的螯针刺入皮肤。针尖在皮层内寻找血管，正如勘探者掘井一样。有时候正好刺到血管，有时候会落空。至少有一种雌蚊是靠红细胞中一种叫做二磷酸腺苷的化学物质的味道来辨别血液的。在成百上千种血液成分中，二磷酸腺苷所起的唯一明显作用就是：它是一种可以立即找到的标志。还有其他类似的随机"信号刺激"可引导蚊子找到可以安全产卵的池塘和小水洼。

蚊子简直就是一台自动装置，它没法成为别的东西。在它那小小的头部大约只有10万个神经细胞，每一个细胞都得全力以赴。要在短短几天里准确而又完满地走完一生，唯一的方法便是依靠本能，依靠基因拟定的那套严格行为指令来迅速、准确地完成从出生到最后产卵这一过程。

相比之下，人类的智力发育轨道则是曲折多变的。人类基因并不规定单一的特征，而是规定人类有发展一系列特征的能力。在有些行为中，这一系列特征是受限的，只有通过艰苦训练才能改变结果（如果有这种训练的话）。在其他行为中，这些特征很多见，结果也很容易被改变。

受限行为的一个例子是用手习惯。在生物学上，每个人都有使用右手或使用左手的先天倾向。在当代西方社会，父母对子女的用手习惯相对来说比较宽容，孩子们也就遵循了基因所指定的方向。但是传统中国社会仍然对孩子们施以强大的社会压力，规定他们用右手写字和吃饭。李眉（Evelyn Lee Teng）和她的助手最近在研究中发现，台湾儿童在写字和吃饭时几乎都是用右手，但是在其他没有受过专门训练的活动中用手习惯就很少或没有受限了。因此基因的确能控制这种行为特征，除非受到人为特别干预。

一种叫做苯丙酮酸尿症（PKU）的遗传病可以更生动地说明能力的进化。这种病引起的生理副作用是智力低下，病因是人类染色体的几十万对基因中出现了一对致病隐性基因。受双重苯丙酮酸尿症基因折磨的人不能正常代谢氨基酸苯丙氨酸（饮食中的一种常见成份）。当苯丙氨酸的化学分解受阻时，一些异常的中间产物便会聚积在体内。病人的尿液接触空气后颜色变暗，并散发出一股冲鼻的鼠臭味。大约每一万个新生儿中就有一个有这种遗传缺陷。除非患者在4—6个月大时毒素自动消失，否则就会精神发育迟缓，而且无可挽回。幸运的是，通过早期诊断和控制饮食中的氨基酸苯丙氨酸含量，这一灾难是能够避免的。苯丙酮酸尿症以很容易理解的方式展示了基因和环境的相互作用。天生有两个苯丙酮酸尿症基因的婴儿，其智力有可能正常发育，也有可能受到损害，后者可能性更大。只有使环境发生特殊变化（给患儿喂食氨基酸苯丙氨酸含量低的食物）才能扭转这种倾向。因此，要准确预见新生儿是智力正常还是会因苯丙酮酸尿症成为弱智儿，我们有必要同时了解基因和环境。

行为很少只受一两个基因控制，或像苯丙酮酸尿症引起的智力迟钝那样可以受到人们控制。即使是苯丙酮酸尿症，其特征也是原发性的损伤而不是反应模式的微妙变化。我们以精神分裂症为例来说明基因和行为之间的典型关系。精神分裂症是最常见的精神疾病，它并不是正常行为的简单中断或扭曲。有些精神病学家【其中最著名的是托马斯·萨斯（Thomas Szasz）和罗纳德·大卫·莱恩（R. D. Laing）】认为精神分裂症只是社会给某些行为异常的人武断贴上的标签。但是事实证明这些精神病学家的说法几乎完全错误。精神分裂症表面上看来的确是有许多毫无目标的古怪反应，包括幻觉、妄想、不恰当的情绪反应、无特别意义的强迫重复行为，甚至还有紧张性神志恍惚引起的呆滞反应。精神分裂症的变化极其细微，精神病医生早就知道要将每个病人视为一个独特的个案。正常人和精神分裂症患者之间的界限很宽泛，而且几乎觉察不到。轻微的精神分裂症患者在人群中大量存在而不为人知，而完全正常的人有时被误诊为精神分裂症患者。不过有三种极端的精神分裂症是不会被弄错的，第一种是生活在间谍和刺客之类想象里的妄想狂症，第二种是举动滑稽、时常无法自制的青春期痴呆症，第三种是紧张症。虽然我们每个人都有可能患精神分裂症，但是毋庸置疑某些人携带让他们易患此病的特别基因。在自婴儿期就被正常人领养的孩子中，那些亲生父母是精神分裂症患者的孩子比亲生父母是正常人的孩子后来发作精神分裂症的比例高得多。西摩·凯蒂（Seymour Kety）与美国和丹麦的心理学家苦心搜集并分析了数百例此类个案，他们得出的结论是精神分裂症的主要原因是遗传。

还有证据表明精神分裂症在其他人类社会中也相当普遍。简·墨菲（Jane Murphy）发现，居住在白令海边的爱斯基摩人和尼日利亚的约鲁巴人识别出并归类的某些症状与西方社会所谓的精神分裂症类似，而且他们把有这些症状的人归为精神病患者。这些患者在部落巫医和治病术士接诊的患者中占了很大比例。这些社会的精神分裂症发病率几乎与西方社会相同，大约占成年人口的0.4%—0.7%。

相比苯丙酮酸尿症和大多数其他类型的遗传性弱智，精神分裂症的发病过程更复杂。目前还不知道祸首是单个基因还是多个基因。精神分裂症患者有明显的生理变化，医学研究者可能很快就能找到这些变化与心理失常之间的直接联系。例如菲利普·西曼（Philip Seeman）和蒂龙·李（Tyrone Lee）便发现，某些精神分裂症患者大脑中主要区域的多巴胺感受器比正常人多出一倍。多巴胺是一种在神经细胞之间传递信号的物质。很有可能是多巴胺感受器数量异常导致人脑对自身信号格外敏感，从而产生幻觉。不过以前的心理学理论也有一定道理：环境对这种病的发生起着重要的作用。确实有一种典型的引发精神分裂症的家庭，这种家庭中有发病潜因的孩子长大后很可能发展成精神分裂症患者。在这种家庭里，没有信任，没有沟通，父母公开互相鄙视，对孩子有不切实际的要求。有些精神病学家甚至发现精神分裂症患者有一种扭曲的心态，他们试图创造一个秘密的内心世界来逃避他们无法忍受的社会环境。但是事实摆在眼前，精神分裂症是某些基因预先规定的。带有这类基因的人即使在对他们有利的正常家庭中成长也会发病。

因此，即使在相对简单的行为类型中，我们也会从遗传中获得发展某些特征的能力，以及学会某些特征的倾向。像康拉德·洛伦茨（Konrad Lorenz）、罗伯特·A·欣德（Robert A. Hinde）、伯尔赫斯·弗雷德里克·斯金纳（B. F. Skinner）这样观点不一的科学家都强调先天遗传和后天获得之间没有绝对的界限。显然我们需要用新的说法来取代先天与后天这种陈旧的说法。其中最靠谱的一个说法是以伟大的遗传学家康拉德·H·沃丁顿（Conrad H. Waddington，1975年去世）所做的一个形象比喻为基础的。沃丁顿说，发育过程有点像从高地降至海岸的地形。眼睛颜色、用手习惯、精神分裂症等特征的发育过程就像一个球沿着斜坡滚下来。每种特征都穿过地形的不同位置，并受到不同类型的山脉和山谷的引导。拿眼睛的颜色来说，假定有一套决定蓝色或别的虹膜颜色的基因，发展的地形是一条深深的沟渠。球以不可阻挡之势朝着一个目的地滚去。在卵子和精子结合的刹那间，眼睛的颜色就确定了。同样，蚊子的发育地形可以看做是几条平行而没有分叉的深谷，一条通向拍翅声形成的性吸引，一条通向自动吸血行为，其他深谷分别通向十几种不同的反应。这些山谷形成一级级精确且无法更改的生化阶梯，从受精卵中的DNA一直延伸到蚊子大脑所支配的神经肌肉活动。

人类行为的发育地形要宽阔、复杂得多，但也还是一种地形。在某些情况下，山谷会有一两处分叉。一个人可以发展成右利手，也可能发展成左利手。如果基因或别的早期生理影响预先决定了某人是左利手，你可以说他的发育沟渠中左利手的分支更深一些。如果不施加任何社会压力，球一般会滚进左利手这条沟渠。如果父母训练孩子用右手，球就会被推入右利手这条浅一点的沟渠。精神分裂症的地形更宽阔，一条条沟渠交错如网，因此球迹难循，只能以统计学方法来预测球的行踪。

地形之说不过是个比喻，当然不足以说明最复杂的现象，但是它抓住了人类社会行为最要紧的真相。如果要全盘了解它的决定性作用，就必须分别追踪每种行为，并在一定程度上把它们当做由基因导向最终结果的发展过程。

有些行为形式更适合使用这种分析方法。表现恐惧、厌恶、愤怒、惊讶、快乐等基本感情的面部表情似乎是全人类的不变特征。心理学家保罗·埃克曼（Paul Ekman）用相机拍下了美国人流露这些感情时的样子，他还拍下了原始部落人在讲故事时流露相同感情时的样子。让两种文化的人看对方的照片时，他们对照片上表情含义的解释有80%是正确的。艾雷诺斯·埃布－埃布斯费尔特（Irenaus Eibl-Eibesfeldt）游历过世界各地的偏远地区，拍下了当地人用手势和表情互相交流的影片。为了不让他们察觉到有人在观察他们，埃布－埃布斯费尔特在摄影机镜头上装了一个棱镜，这样就可以避免与他们正面对视。埃布－埃布斯费尔特记录了大量在有文字和没有文字的文化中都广泛存在或普遍存在的信号。其中有一个我们不太熟悉的例子是扬眉的动作，即打招呼时不自觉地猛一扬眉毛来表示友好。

人类行为学家最近研究的另一个普遍信号是微笑,微笑若被归为动物性的本能也不为过。婴儿在 2—4 个月大时开始会笑,这微笑会立刻唤起父母更多的爱和感情。用动物学术语来说,微笑是一种社会性释放刺激,是一种与生俱来、相对恒定的基本社会关系调节信号。人类学家梅尔文·J·康纳(Melvin J. Konner)最近完成了一项有关婴儿微笑和其他行为的研究,他的研究对象来自非洲南部卡拉哈里(Kalahari)昆桑族(Kung San,意为"灌丛人")。当他开始日常观察时,他就做好"接受任何事情"的心理准备,因为昆桑人从小就在与西方文化迥然不同的环境中成长。他们的母亲生产时不用麻醉药,完全靠自己自然分娩;在出生后的几个月内,他们几乎一直贴在母亲或看护人身上;醒着的时候几乎总是被竖直抱着;在三四岁前,每小时要接受喂食好几次;而且他们所接受的坐、立、走的训练比欧洲和美国的孩子要严格得多。但是他们微笑的样子和美国孩子没有两样,他们开始微笑的年龄也和美国孩子一样,微笑的作用看来也完全相同。更有说服力的证据是,盲童和既聋又盲的儿童尽管缺乏有利于产生微笑的心理条件作用,但是他们也会微笑。

此类最简单、最自动的行为可能是通过遗传固定连接在人脑细胞单元和面部神经里,这样,通过一连串无须过多演习便能掌握的生理活动,面部肌肉的收缩模式就在产后早期发展形成了。将来更深入的研究可能会发现某些基因突变能影响神经肌肉活动的形式和强度。如果这种异常简单的现象确实存在，那么发现这种现象将为人类首次进入人类交流遗传学领域奠定基础。

在发展地形中越来越多的学习和文化因素开始出现在斜坡上，因此地形势必会出现一些微妙变化。如果出现语言、服饰和其他类型具有文化敏感性的行为，地形便成为一片宽阔的三角洲，其中布满低丘和弯曲的河道。有证据表明，人脑的结构天生就能够把词语按照一定顺序串接起来。诺姆·乔姆斯基（Noam Chomsky）和其他几位心理语言学家认为，这种"深层语法"使人们可以迅速掌握语言，这比单纯学习语言要快捷得多。单用数学模拟方法即可证明短暂的童年期就算全用来以死记硬背的方法学习英文句子，时间也是绝对不够用的。人类儿童与黑猩猩等灵长类动物的幼崽不同，他们具有学习语言的强大动力，他们会牙牙学语，发明词语，体验词义，还能在无意中迅速掌握语法规则。他们会自创以前没听成年人说过的句子结构，且句子在细节上有明显不同。儿童发展专家罗杰·布朗（Roger Brown）把儿童的语言恰如其分地称为"第一语言"。比较同卵双生子和异卵双生子的行为表现就可以发现语言发展时间上的差异在某种程度上取决于遗传。因此语言发展的上半部斜坡地形相对简单，河道较深，而在宽阔的下半部斜坡上出现了错综复杂的"第二语言"，即成人语言。下半部斜坡的沟渠都很浅，形成一个四通八达的网状结构。语言的外部表现是随着文化进化而改变的，在很大程度上语言的外部表现就是文化进化本身。教育和风尚略施压力，词汇、重音和语速就会有变化。

但是低丘和沟渠等比喻实际上指的是什么呢？有时候挖掘沟渠的是能有力影响行为的激素或是在神经细胞生成过程中基因指定的其他生化产物。简单的化合物便能改变神经系统的功能，使其以这种而非那种方式发生作用。同样重要的可能还有相隔较远些的"学习规则"，即完成各种形式的学习需遵循的步骤，这些步骤是以一组组神经细胞的活动为依据的。

我们一般认为学习是个普遍现象，这种现象在各种生物体身上没有什么本质区别。很多杰出的心理学家（尤其是斯金纳等行为主义学派的心理学家）坚持认为大多数行为是通过几种基本形式的学习而形成的。如果把动物放在可以严格控制刺激作用的实验环境中，我们就能发现控制学习的一般规律。斯金纳在 1938 年写道："操作性行为的一般特征描述并不重要，因为操作性行为就算不是全部也是大部分受到条件限制的。我认为可以把操作性行为的动态特征和单一的反射作用放在一起研究。"斯金纳在他那本具有广泛影响力的著作《超越自由与尊严》（*Beyond Freedom and Dignity*）中提出，一旦人们充分了解这些规律，便可利用这些规律来训练，从而过上更加幸福、更加丰富多彩的生活。最有智慧的社会成员可以先设计好文化，然后孩子们便可毫不费力地适应这种文化。

由于在自然科学领域已有令人神往的先例，因此这些想法很有影响，使动物和人类行为研究取得了巨大进展。行为主义基本原理的核心观点是：行为和心灵有彻底唯物的基本要素，可由实验加以分析。这个观点基本上是正确的。然而关于学习简单性和等势性的基本假设早已不成立了，取而代之的是一幅呈现了许多种特殊学习类型的图画，这些学习类型大概只符合自然选择进化规律，而不符合任何其他一般规律。各个物种的学习潜能似乎完全是由它们大脑的结构、激素分泌的顺序以及基因决定的，而基因是最终的决定因素。各种动物学习哪些刺激、不学习哪些刺激、对学习哪些刺激保持中立是早就"预备"好了的。举例来说，成年银鸥能够很快学会分辨它们自己刚孵化出来的雏鸥，但总是认不出自己下的蛋，尽管这些蛋有显而易见的区别。刚出生的小猫没有视觉，几乎不会爬动，显得很无助。尽管如此，在它为了生存而必须有所作为的几种有限的行为类型里，有一种与生俱来的高超学习能力。它仅凭嗅觉便能在不到一天时间里学会爬行一小段距离去找到喂奶的妈妈。借助嗅觉或触觉，小猫能记住如何沿着母亲的肚皮找到它最喜爱的奶头。在实验室试验中，它能根据质地的细微差别分辨出不同材料做的奶嘴。

人们还发现了一些更惊人的例子。每年蓝鸫都会在北美东部的产卵地和南美的越冬地之间的来回迁移。和其他许多美国土生鸟类一样，蓝鸫也是在夜间迁徙。幼鸟自离巢时便准备学习识别北极星和拱极星座，它们能够快速而自然而然地学会。但是它们不会学习辨认其他星座。如果在家鸡喝水时给它的喙部施以微弱的电击，同时加上闪光之类的视觉刺激，它们后来就会避开这种视觉刺激。但是如果用同样的方法加上声音刺激，比如发出咔哒咔哒声，家鸡之后并不会回避这样的声音刺激。如果将电击施于鸡的脚上，情况则恰恰相反，家鸡可以学会避开声音刺激而不是视觉刺激。这种对称的现象初看来有点奇怪，但实际上恰恰却是脑子小的动物的生存规律。家鸡的学习过程可以概括为以下这个简单的公式：要学会认识看得见且会影响头部的东西，以及认识听得见且会影响脚的东西。

所以动物那些较刻板的本能可能根植于其特有的先天倾向性学习。但是，人类的学习是否有先天倾向性呢？当然不会是像鸟类或没有视觉的小猫那种机械似的反应。我们愿意这样想：只要有足够的时间和意志力，我们什么都学得会。可是约束条件一直存在。我们不得不承认，我们所掌握的知识在数量和复杂性上明显是有限度的，就算是天才和职业记忆术研究者也不例外。而且每个人总有某种心智技能学习起来要比别人容易得多。更重要的是，儿童学习技能和情绪有特定的程序，很不容易改变。瑞士杰出的发展心理学家让·皮亚杰（Jean Piaget）付出毕生心血来划定儿童在较为纯粹的智力发育过程中所经历的各个阶段，这些阶段常常让人感到惊讶。在精细意向运动中，在意义和因果的概念中，在空间和时间中，在模仿和玩耍中，心灵沿着平行但又密切相关的两条轨道发展。随着受反射支配的婴儿渐渐变为自我中心者，然后再变为爱交际的儿童，他对现实的概念也在一步步变化。最初儿童一心一意只想着移动物体，渐渐地他们开始单独思考移动这个现象。物体先是被看成一个个单独的实体，后来被归入借助视觉符号和名称而划分的一个个群体。皮亚杰原来学的是生物学，他将智力发育看做是先天遗传程序与环境的交互作用。他把这一概念称为"发生认识论"并非偶然，因为发生认识论实际上就是研究天生的理解能力是如何展露的。

约翰·鲍尔比（John Bowlby）在他的重要著作《依恋》（*Attachment*）和《分离》（*Separation*）中曾探索过感情纽带形成过程中的类似阶段。通过这种感情纽带，儿童在数月之内围绕父母创造出一个复杂的社会环境。劳伦斯·科尔伯格（Lawrence Kohlberg）在道德规范发展过程中识别出与皮亚杰所划定的发展阶段相当吻合的顺序，而心理语言学家则证明，儿童掌握语言的时间表实在太精确、太短促，说语言习得只靠记忆是不足以作为解释的。把这些研究成果放在一起考虑，你会有这样的感想：社会实在太复杂了，一生中单靠随机学习过程是无法把它构建出来的。

因此，人的心智并非任由经验用点和线画上复杂图画的白板。更精确地说，心智是一个自动决策工具，一台灵敏的环境扫描仪，它先是接近某些类型的选择，然后先天倾向于某一种选择，并驱使身体按照一个灵活的时间表运作，从婴儿期到老年期这个时间表会逐渐自动变化。对过去选择的积累与记忆、对未来选择的考虑、对由选择激发的感情的重新体验共同构成了心智。决策过程中的细节因人而异，但是所有人遵循的规则十分固定，因此他们所作的决定多有重叠，这种趋同性非常强大，我们可把它叫做"人性"。

对于各类行为控制的相对严格程度，我们可以做粗略的估计。比较同卵双生子、异卵双生子的遗传研究告诉我们，遗传对原始智力及感知运动技能影响最大，对性格特征的影响最小。如果有其他研究能证实这个重要结果，那么便可以推断解决自然环境中相对固定的问题的能力是沿着一条条狭窄的沟渠发展的，而根据迅速变化的社会环境做出调整的个性品质可塑性更强。

进化假设提出了具有广泛意义的其他相互关系。例如，决策过程越重要、越没有理性，在执行决策时就要耗费越多的感情。生物学家可以把这种关系重述如下：那些为了确保生存和繁衍而必须迅速且自动采取的步骤构成了大部分心智发展过程。因为理性思考对大脑的指导是有限度的，所以大脑还得依靠其边缘系统和其他较低级中枢所控制的快乐、痛苦等微妙的情绪。

我们可以在无意识且带有情绪的学习规则中寻找最直接受到遗传进化影响的行为。就拿恐惧症来说，如同许多动物学习的例子一般，恐惧症通常最早在童年期出现，它非常不理性，带有感情色彩，很不容易根除。恐惧症大多是由蛇、蜘蛛、老鼠、高处、闭塞空间及在人类古代环境中有潜在危险的其他因素引起的，但很少由刀枪、电源插座之类的现代人工制品引起，这一点似乎很重要。在早期人类历史上，恐惧症可能提高了生存的安全系数：与其冒着风险心不在焉地在悬崖边上乱走，不如给吓得呕吐逃得远远的。

乱伦禁忌是另一类倾向性学习的一个例子。人类学家莱昂内尔·泰格（Lionel Tiger）和罗宾·福克斯（Robin Fox）曾指出，乱伦禁忌可看做排他关系这一普遍规律的一个特殊案例。当两个人之间形成了某种紧密的关系后，他们会发现若要再形成其他关系在感情上很难接受。师生发展出同事关系的过程很缓慢，哪怕学生已青出于蓝；母女也很少改变她们原有关系的基调。乱伦禁忌实际上在人类文化中普遍存在，因为父女、母子、兄弟姐妹觉得他们之间的原初血缘关系几乎排斥了一切其他关系。简而言之，人类在学习建立受排除的关系时受阻。

相反地，人类却容易学会遗传上最有利的关系。在各种文化中形成性纽带的过程有很大差异，但是在任何地方人们均为此倾注了感情。在有浪漫传统的文化中，两情相悦的发生可以非常迅速而深刻，并产生出高于性的爱情，这种爱情会永久改变年轻人的心。描写这一类人类行为乃是诗人的精妙专长，我们可以在詹姆斯·乔伊斯（James Joyce）的作品中找到一些精彩的描写：

> 就在他面前，一个姑娘一动不动地独自站在水流中央，凝视着大海。她好像给人施了魔法，变成了一只奇异而美丽的海鸟。她露出一双长腿，宛如仙鹤的纤腿，优雅而完美，腿上黏着一缕翡翠绿的海草，好像刻意做成的符号……她长长的金发是少女特有的，完全是少女特有的，点染着人间之美的神韵，她的脸……当她感觉到他的存在和他眼里流露出来的仰慕之情时，便朝他望过去，平静地承受着他的凝视，不害羞，也不轻浮……她的形象已经在他的灵魂中永驻，也没有片言只语打破

他狂喜的沉默。(《一个青年艺术家的肖像》)

人们还从逻辑上探索了生命周期里其他转折点上的倾向性学习问题，这些转折点承载着我们最深刻的感情。举例来说，人类特别喜欢人为地制造各种分界线，跨过这些分界线，他们就借由仪式从一种存在过渡成为另一种存在。文化精心设计出各种过渡仪式（如成人礼、婚礼、坚信礼、就职仪式等），这些仪式的形成可能受到了各种神秘的生物性因素的影响。在生命的各个阶段，人们都有同样强大的欲望人为地把其他人分成对立的两类。我们好像非要给其他人贴上成员与非成员、亲人与非亲人、朋友与敌人之类的标签才会心满意足。埃里克·埃里克森（Erik Erikson）在他的文章中指出，任何地方的人都有把物种分类的倾向，也就是把异族社会归为低劣物种而不是完全的人，这样就可以贬低他们而不受自己良心的谴责。连生性温和的卡拉哈里桑族人也把自己叫做"昆"，也就是人的意思。这种倾向以及人类特有的其他先天性倾向只有从遗传优势的角度加以衡量才会有完全的意义。就像春天里雄鸟动人的啼唱，这本是用来捍卫地盘和宣布攻击的，由于歌声颇具美感，我们敏锐的心智起初竟未看穿其中真实而准确的意义。

第四章
形成

弗洛伊德（Freud）曾经告诉我们，生物学是宿命的。果真如此的话，自由意志又是什么呢？想想在大脑深处住着一个灵魂，它是一个自由主体，它会留意躯体体验，在头骨之内却以自己的步调运动，它还会思考、计划并拉动脑神经中枢机器的杠杆。这个想象多么引人入胜啊！宿命论和自由意志之间的巨大反差吸引了一代又一代最有智慧的哲学家和心理学家。我们可用更多生物学术语来描述这种反差：如果我们的基因是遗传的，环境是在我们出生之前就已存在的一系列运动不息的自然事件，那么，一个真正独立的主体又怎么可能存在于大脑中？这个主体自身是由基因和环境的相互作用创造的。看来我们的自由只是自欺欺人罢了。

事实上可能就是如此。有一个哲学观点认为至少某些超越原子层次的事件是可以预测的，这个观点可以自圆其说。本身具有物质基础的智能可以预见客观物体的发展趋势，就这一点来说，客观事物是被决定的，但只在观察力敏锐的智能所营造的抽象世界中才能被决定。无论客观事物本身是否被决定，只要它们能自主做决定，它们就拥有自由意志。我们现在来说说掷钱币及钱币的自由度。掷钱币乍看起来和决定论没有什么关系，它是教科书中关于随机过程的一个经典实例。但是假设出于某种原因我们决定充分利用现代科学对这一投掷过程进行分析。首先钱币的物理特性要以最精确的微微克和微米来衡量，然后分析肌肉的生理属性和投掷者拇指的精确形状，绘制室内的气流图，并描绘地板表面的细微结构和弹性强度图。在钱币脱离手指的一刹那，所有这些数据资料连同在该瞬间记录下的投掷力度与角度统统被输入计算机。钱币在空中才翻滚了几下，计算机便计算出钱币的整个预期运动轨迹、钱币最终静止时所在的位置及哪面朝上。这种方法并不完善，投掷初始条件的微小误差在计算机处理过程中都会被放大，从而导致计算结果错误。不过借助计算机预测可能会比猜测要精准得多。在有限的程度内，我们是可以知道钱币的命运的。

你可能认为这个实验很有意思，但是不太切题，因为钱币没有心灵。先选择一个中等复杂的环境可以逐步弥补这项不足。假设抛向空中的物体是一只昆虫，譬如一只蜜蜂。蜜蜂有记忆力，有一点点思考能力。在它短暂的生命中（出生50天后便会寿终正寝），它知道一天有多久，知道蜂巢的位置、同胞的气味以及多达5个采花场所的方位与特性。当科学研究者用手指弹蜜蜂时，它的反应猛烈而反常。对于外行的观察者来说，蜜蜂就像个自由主体，但是如果我们像前面一样将我们所知的这类小动物的物理特征、昆虫的神经系统、蜜蜂的行为特点、这只蜜蜂的行为历史等信息汇总，然后再次利用最先进的计算机技术，我们就能超越纯粹的偶然而精确地预测蜜蜂的飞行路线。对那些观察计算机读数的人来说，这只蜜蜂的未来在一定程度上已被决定。不过蜜蜂永远不会接触上述人类所掌握的知识，在它的"心灵"中，仍会觉得自己永远拥有自由意志。

乍看起来，人类在考量自己的中枢神经系统时会处于和蜜蜂相同的处境。尽管人类行为比昆虫行为复杂多变得多，但在理论上依然可以给出具体说明。遗传的制约以及人类赖以生存的有限环境大大限制了可能出现的结果。但是哪怕只是预测一个人短时间内的行为细节，也需要动用超过目前所能想象的技术，而这样的成就可能根本不是目前任何已知的智能可以达到的。其中有无数变量需要考虑，任何一个变量的细微误差都很容易被放大，从而改变部分或整个心智活动。此外，在处理此问题时，一种与海森堡（Heisenberg）在超原子物理学中的不确定原理相似的原理能起大作用：观察者越是深入地探究行为，行为便越容易被这深入探究改变，而所选择的探究手段也越能决定行为的真正意义。观察者的意愿和命运与被观察者的意愿和命运联系在一起。只有想象中最高级的监听器（能远距离同时记录大量内部神经活动过程）才能将这种相互影响降低到可以接受的水平。因此，数学的不确定和偏差定理使得自然法则看起来好像是这样的：没有一个神经系统能够获得足够多的知识来有效地详细预测任何其他智慧系统的未来。有智慧的心灵也无法获得足够多有关自身的知识来预知未来、把握命运，并从这个意义上消灭自由意志。

要预测像人类心灵这么复杂的活动，还有一个同样基本的难题，那就是原始资料进入大脑深处时的转变过程。以视觉为例，光的辐射能触发视网膜上大约 1 亿个初级感光细胞的电活动。每个细胞都记录下每一瞬间传过来的亮度或色彩，通过晶体传递，影像会变成一组电信号，这和电视摄像机工作原理相似。在视网膜后面大约有 100 万个神经节细胞接受这些信号，并用抽象化的形式进行处理。每个细胞都从视网膜中呈环状的一簇初级感光细胞中接受信息。当强烈的明暗对比使感光细胞簇分离时，神经节细胞便开始活动了。然后，信息传到后脑下方大脑皮层的一个区域，特定的皮层神经细胞便在这里对信息进行重新翻译。每一个皮层细胞都受一组次级神经节神经的激发，如果神经节细胞的释放呈现出一条水平、垂直或倾斜的直线，那么皮层细胞便会发生电活动。具有更高抽象处理能力的其他皮层细胞会对直线的端点或折角起电反应。

通过这种编码抽象过程，心灵会完整接收所有来自体外和体内的信息。大脑新皮层内的神经细胞会参与活动，这些细胞大量同时发生并相互协调的符号表示共同形成了意识。但是把意识归为生物体的活动决非低估了它的能量。查尔斯·谢林顿爵士 (Sir Charles Sherrington) 有一个精妙的比喻，他说大脑是一台"迷人的织布机，无数只亮闪闪的梭子编织着一幅看不见的图案。"由于心灵能通过抽象化处理感官印象来重构现实，它同样也能用回忆和幻想来模拟现实。大脑虚构故事，并让想象和回忆的事件在时间的长河里反复出现，这些事件包括消灭敌人、拥抱恋人、制造铁器、在神话般完美的国度信步徜徉。

自我是这部神经戏剧中的主角。当自我步上舞台时，大脑下部的情感中枢便会非常谨慎地按照规定程序拉动操纵线。不过，假定我们最深刻的情感只涉及我们自己，这种先入为主能从机制上解释灵魂这个最内在的自我吗？神经生物学最神秘之处不是自恋或永生不死的梦想，而是意向性。到底谁是发动者，谁是推动织布机上闪亮梭子的编织者？过分简单的神经学分析方法会将大脑想象成一个俄罗斯套娃：我们可以将套娃从大到小依次打开直到不能再开为止，与此相似，我们的研究也是先分析较大的神经回路系统，然后再分析较小的支路，最后要分析的只是一个个孤立的细胞。在另一个相反的极端，过分复杂的神经学模型会引导我们后退到泛灵论的玄学中去，这种学说的前提是各种特性不能被转换为神经元、神经回路或任何其他物理单位。

折中的解决方案可能是认识心理学家所谓的图式或样式。图式就是大脑内部天生的或习得的构型，神经细胞的输入信号可与之相比较。将实际模式与期望模式配对会产生这样或那样的效果。图式有助于形成一个人的心理"定势"，即为了某些细节而筛除另一些细节，这样有意识的心灵就能更清楚地理解环境中的某些方面而非其他方面，而且有可能倾向于做出此决定而非彼决定。图式能填补实际感觉输入遗漏的细节，并且能在心灵中创造一个并不完全存在于现实中的模式。图式强大的分类能力有助于呈现物体的完全形态（即物体给人们的印象，如方形、脸孔、树木等）。这些参照系形成躯体运动意识和自动控制，能协调整个躯体的运动。肢体因为受伤不能运动而后又恢复运动功能的过程能生动地说明感觉输入和这些参照系是如何匹配的。心理学家奥利弗·萨克斯（Oliver Sacks）有过腿伤，经过长期治疗得以复原。他曾描述复原后尝试迈开第一步的感觉：

> 我的知觉突然亢奋起来，之前我从未体验过的意象和幻象不能自禁地冒了出来。我的腿和眼前的地面突然间好像变得遥不可及，然后它们又近在我的鼻子底下，然后又以各种各样的方式奇怪地倾斜着或扭曲着。这些疯狂的感觉（或知觉的假象）以每秒数次的频率接连不断地涌现，出人意料，无法预知。我的感觉渐渐变得正常、平和起来，直到最后，大概过了五分钟时间，经历了上千次如此这般的感觉闪现之后，我才感觉到了这条腿似乎真实的形象。我突然感觉到这条腿是我的，而且是真实的，我马上就能行走了。

最有意义的是，大脑中的图式可作为意志的物理基础。生物体的活动是受以下反馈回路引导的：一系列信息从感觉器官反馈到大脑的图式中，然后再返回到感觉器官，如此循环，直到图式因完成了正确的活动而"感到满意"为止。心灵集中了此类图式，这些图式为控制决策中心有计划地相互展开竞争，根据躯体生理需要（躯体生理需要是通过脑干和中脑传达意识的心灵的）的相对迫切性，各个图式的作用会强化或弱化。意志可能就是图式竞争的结果，它不需要体内的"小人"或任何其他外部主体的推动。目前还没有证据表明心灵就是以此方式活动的。我们只要注意到基本的心理机制确实存在便足够了。例如，反馈回路控制着我们绝大多数自主行为。意志（如果你愿意称它为灵魂也可以）完全可能是通过心理机制进化而产生的。但是这些机制显然比地球上其他任何东西复杂得多。

所以，目前宿命论和自由意志的自相矛盾不只在理论上可以解决，甚至还可以转变成一个物理学和生物学上的经验问题。我们注意到，就算心灵的基础真是机械的，也不太可能存在能够精确预测个人行为（如同我们能绘制出钱币的投掷轨迹或蜜蜂的飞行路线，但这种预测还是很有限）的智能。心灵的结构太复杂，人类的社会关系又以极为复杂多变的方式影响着心灵的各种决策，因此某人详细的发展史是他自己或其他人都无法预料的。因此，从最根本的意义上来说，你和我都是对自己负责的自由人。

从另一层稍次要的意义上来说，我们的行为有一部分是不能自主的。如果行为的分类足够宽泛的话，我们还是有信心对事件做出预测。钱币会翻滚，但不会以边缘着地；蜜蜂会以直立的姿势绕着房子飞行；人类会说话，也会开展许多具有人类物种特性的社会活动。此外，我们能够确定由许多个体组成的人群的统计学特征。对于翻滚的钱币，没有必要利用计算机或其他工具得出精确的统计学估算结果；只消在信封背面就可以轻松写出钱币运动所遵循的二项分布定律和正弦定律，这些数学公式中饱含着有用的知识。在另一个层次上，昆虫学家已说明了蜜蜂飞向花卉的一般模式有什么具体特点。蜜蜂用来回摇摆的舞姿来告知同巢的伙伴哪里有花朵，昆虫学家也预先知道了这种舞姿的统计学特征。他们还测出了蜜蜂根据上述信息采取行动的时间和精确的误差分布。

从更小的并且未知的意义上来看，如果掌握了足够多有关人性、社会历史和自然环境的知识，也许能够预测人类社会的统计特征。

遗传的决定作用使文化进化之路变得狭窄。目前我们还无法猜测进化可以到达什么地步，但是能对过去的进化历程作出更加深刻的解释，而且凭着运气和技术还可能绘制出近期的进化方向图。个体心理学在此分析中是个关键。无论涂尔干（Durkheim）、拉克里夫－布朗（Radcliffe-Brown）分别在社会学和人类学中建立了多么冠冕堂皇的整体主义传统，文化依然不是仅凭自身之力而进化的超级生物体。确切地说，文化变迁是对一大批人面对社会存在能做出的最佳行为反应加以统计学处理的产物。

如果我们全然将社会视为人群，就可更加精确地揭示文化与遗传的关系。人类社会进化是沿着遗传的双轨进行的，一条是文化轨道，另一条是生物轨道。文化进化是拉马克式的（Lamarckian），速度非常快；而生物进化是达尔文式的，通常很缓慢。

拉马克式进化通过习得特性的遗传来推进，所谓习得特性遗传就是父母将自己有生之年所习得的特征传递给后代。法国生物学家让·巴蒂斯特·拉马克（Jean Baptiste de Lamarck）在 1809 年提出了这一想法，他坚信生物进化就是以这种方式进行的。举例来说，他认为长颈鹿伸长脖子吃高树上的叶子，它们的后代则不用如此费力，因为天生就生就了更长的脖子；同样的，鹳伸长双腿以保持其腹部干燥，它们的后代一出生就会有更长的腿。拉马克学说完全被视作生物进化的理论基础，但是他的理论同样也完全适用于文化进化。

与前一理论抗衡的另一个伟大理论认为，整个人群因为自然选择而变化。查尔斯·达尔文（Charles Darwin）于 1859 年首次令人折服地提出该理论。族群中的个体在遗传构成上各不相同，因而它们的生存能力和生殖能力也是各不相同的。那些最成功的个体可将更多遗传物质传递给后代，结果这一族群整体上渐渐变成优良型。根据自然选择理论，每一只长颈鹿长出长脖子的遗传能力并不相同。那些脖子最长的长颈鹿能吃到更多树叶，它们的后代也会更多；于是，经过许多代后，这群长颈鹿的平均颈长便增加了。如果不时有影响颈长的遗传突变发生，这种进化过程便会无止境地延续下去。

达尔文式进化已被认定为是包括人类在内的所有有机生物进化的普遍模式。正因为它比拉马克式进化要缓慢得多，所以文化变迁总是领先于生物进化。不过这两种进化的差距不会太大，因为由文化进化所创建的社会环境最终还是要遵循生物自然选择规律。有自毁或毁灭家庭行为的人比遗传上较少有此类行为倾向的人留下的基因更少。如果某个社会诸成员的遗传倾向导致产生缺乏竞争力的文化，那么这个社会最终会被禀赋更优者组成的社会所取代。目前我还不能将现代诸社会的相对表现归因于遗传差异，但我必须指出：总有一个极限存在，这个极限也许比我们用智慧了解的一切更接近当前诸社会的现实。如果超过这个极限，生物进化便会让文化进化倒退。

此外，可以预料个人会抗拒，这两条进化轨道之间有太大距离。如同莱昂内尔·特里林（Lionel Trilling）在《超越文化》（*Beyond Culture*）一书中所说的那样，在心灵的某处"有一个坚硬、顽固、不能分解的核心，它具有生物冲动、生物需求及生物理性，是文化无法触及的，而且保留着一个迟早会行使的权力，即判断、抗拒及修正文化的权力。"

奴隶制是一种失败的人类社会制度，可以作为这种生物顽固性的具体例证。哈佛大学社会学家奥兰多·帕特森（Orlando Patterson）曾对全世界的奴隶社会做了一番系统的研究。他发现，真正意义上的奴隶制重复经历过几乎相同的生命周期，到了周期终结之时，从周期开始之时便有的特殊环境以及人类本性中的顽固性质导致了奴隶制的消亡。

奴隶制的鼎盛期始于传统生产方式瓦解之际，瓦解的原因通常是战争、帝国扩张、主要农作物改变，这些原因会诱使贫困的自由农民迁往城市和新开辟的殖民地。在帝国的中心，土地与资本逐渐被富人垄断，而城市劳动力则越来越匮乏。国家疆域扩张后外国人变成了本国的奴隶，国家可从中牟利，能暂时解决经济上的问题。如果当时能用一种新的文化来塑造人类，如果人类的行为表现像自然而然选择奴隶制的红蚁那样，那么奴隶社会可能会永恒不灭。但是我们认识的哺乳类动物和人类最典型的特征使这种变化不可能发生。城市劳动阶级厌恶与日常劳动联系在一起的卑微社会地位，因此他们便进一步脱离了生产手段。与此同时，奴隶们却想要维持家庭和种族的关系，并企图将自己古老文化的残片拼凑起来。只要他们的努力取得成功，他们中的许多人可以提高社会地位，改变原来卑屈的处境。如果这种自作主张的行动被压制而归于失败，这些奴隶繁衍的后代便会减少，每一代人均需输入大批新奴隶。这种迅速的转变对奴隶文化和奴隶主文化都起到了瓦解作用。当奴隶主忙着在他们自己的文化中心消磨时间时，奴隶们就会怠工。于是监工的权力越来越大。低效、虐待、反叛以及蓄意破坏事件层出不穷，奴隶制便慢慢走向灭亡。

从古代希腊、罗马到中世纪的伊拉克和18世纪的牙买加，奴隶制社会还有许多其他缺陷，其中有些可能是致命的缺陷。但是，单单是奴隶制度这一项就足够切断这些社会的命根。帕特森写道："它们迅速步入繁盛之境，其鼎盛期很短暂，但走向衰亡的过程却是夸张而漫长的。"

强权下的奴隶不屈不挠地坚持像人一样地活着，而不愿像奴性的蚂蚁、长臂猿、狒狒或其他物种那般。这个事实是我相信历史轨道至少大致上可以预先铺设的理由之一。生物性的制约是客观存在，它划定了人类不可能进入或不得进入的区域。当我说命运有可能会显露出某些部分（本书最后一章将详细讨论这个论题）的时候，我很清楚人类有能力对照一种假设性的历史过程建立另一种假设性的历史过程。但是，即使充分施展了自我决定的能力，解决了能源与原料危机，废弃了旧的观念，所有的社会选择因而对人们开放，我们还是只想选择少数几个方向。其他的方向可以尝试，但会导致社会与经济紊乱、生活质量下降，人们也会产生抵制和逃避情绪。

人类历史如果真是受到先于它出现的生物进化的有力影响，那么通过研究当代那些在文化和经济活动方面与史前主导文化和经济极为接近的社会，我们会发现影响历史过程的有价值线索。这些社会是采猎者组成的，包括澳洲土著、卡拉哈里桑人、非洲俾格米人、安达曼小黑人、爱斯基摩人以及其他完全靠捕猎和采集野生植物为生的人。这样的文化现存的还有100多种，但没有几个的人口超过1万，而且几乎都处在被周边文化同化或彻底灭绝的险境之中。人类学家十分了解这些原始文化的重大理论意义，所以正在和时间赛跑，以便在这些文化消失之前将它们记录下来。

采猎者具有许多直接适应于其艰难生活方式的共同特征。他们组成100人左右的采猎群在他们控制的地盘上四处游走，在寻觅食物的过程中时分时合。一个包含25人的群体一般占领1000—3000平方公里的地盘，相当于相同数量的狼群占领的区域，但比素食黑猩猩所占据的地盘大 100 倍。某些地盘，尤其是那些食物充足的地方，往往是不允许外人进入的。部落之间的侵犯行为（在有些文化中升级为局部战争）非常普遍，可被视为采猎社会行为的一种普遍特征。

实际上，采猎群就是一个大家庭。通过协商和宗教仪式，一个采猎群内或两个采猎群之间的人可以婚配，由此形成的复杂亲属关系网有特定的阶级区分，并服从严格执行的制度。采猎群中的男人大多有几个妻子，他们把大部分时间用于养育后代，并极力保护自己的后代。采猎社会谋杀案件发生的比率和大多数美国城市一样，这大多是因为通奸或为女人争风吃醋。

年轻人须经过长时间的文化灌输，在此期间，他们活动的中心逐渐从母亲转向同龄人群体。他们的游戏提高了身体技能但没有提高谋略水平，同时他们会以杂乱、粗浅的方式模拟他们将来成年后的角色。

生活的每一个方面都有明显的男女分工。男人对女人的统治只在控制部落某些职能方面有所体现。男人主持部落会议，决定仪式的形式，控制与邻近部落的交易。与大多数经济结构较为复杂的社会相比较，这些社会在其他方面则呈现出一种不拘礼节的平等气氛。男人负责捕猎，女人负责采集。身兼两职的情况也很普遍，但如果猎物很大且追猎距离很长，身兼两职则较为少见。在经济生活中，捕猎活动总是发挥着重要作用，但不是决定性的作用。人类学家理查德·B·李（Richard B. Lee）调查过 68 个采猎社会，发现他们的食物中平均大约只有 1/3 是新鲜肉类，虽然如此，这些食物却含有最丰富、最为人体所需的蛋白质和脂肪，能为采猎者提供最好的营养。

在自然环境里的许多食肉动物当中，原始人很少去捕猎体型比自己大的猎物。虽然他们的猎物中不乏老鼠、飞禽、蜥蜴这类体型较小的动物，但也不是没有大型动物。海象、长颈鹿、捻角羚、大象会掉入猎人所设的陷阱中，并死于猎人用手工制作的狩猎武器。其他食肉哺乳类动物中只有狮子、鬣狗、狼和非洲野狗可以捕食体型大于它们的猎物。这些动物都有非常高级的社会生活，它们捕猎最显著的特征就是相互配合。捕食大型猎物和协同追捕猎物这两个特征无疑是有关联的。狮子是猫科动物中唯一的群居动物，当它们结群捕猎时，能获得双倍的战利品。此外，它们还能征服长颈鹿、成年公水牛等最庞大、最难对付的猎物，这是单个捕食者根本无法拿下的。在生态学方面，原始人同狮子、狼、鬣狗相似。在灵长类动物中，只有黑猩猩勉强可算得是个例外，它们在追捕大型猎物时会采用合群狩猎的方式。它们比其他灵长类动物更像四足食肉动物，因为它们习惯屠杀过量的猎物、储存食物、给幼崽喂食最好的食物、劳动分工、嗜食同类，而且还会向势均力敌的其他物种挑衅。非洲、欧洲和亚洲一些远古遗址中挖掘出来的骨头和石器表明，这种生存方式维系了 100 多万年时间，绝大多数社会直到最近几千年才抛弃这种方式。因此，在人类遗传进化的过程中，有 99% 以上的时间采猎社会都面对着自然选择的压力。

以上生态和行为之间明显的关联性使我们形成了关于人类社会行为起源的重要理论。这一理论中包括许多零碎化石证据的连锁重组，有对采猎社会所作的种种推断，还有与现存其他灵长类动物所作的比较。该理论的核心就是我在早前一部著作《社会生物学》中所提到的"自动催化模式"。自动催化原本是个化学术语，指通过某一反应的产物来催化该化学反应。反应持续时间越长，则反应速度越快。根据这个概念，当原始人或类人猿有大部分时间或全部时间在平地上生活时，便开始直立行走。他们的双手解放出来，制造和使用工具变得更加容易，智力也随着使用工具这种习惯的加强而不断提高。心智能量和使用工具的意愿是相互联系、相辅相成的，因此完全以器物为基础的文化得以扩展。这样，人类物种进入进化的双轨中：由自然选择决定的遗传进化增强了文化的能力，文化又改善了能最大限度利用文化的那些人的遗传适应性。在捕猎活动中的相互合作日趋完善，这进一步刺激了智力的进化，智力的进化反过来又使人类能更加灵巧地使用工具。这种因果循环会不断重复。分享猎物和其他食物有助于历练各种社交技能。理查德·B·李曾这样描述过昆桑族人：

> 在村落的活动中，人们絮絮聒聒是最常见的景象：他们没完没了地谈论采集、捕猎、天气、食物分配、礼品馈赠和丑闻。没有哪个昆桑人会错过任何说话的机会，一场交谈里常常有两三个人抢着发言，听者得决定到底

听谁说才好。即便是在最和睦的村落里，这种谈话也多半像在争吵。人们为食物分配不当争论，为不守礼仪争论，为礼尚往来争论……几乎所有的争论都是对人不对事。最常听到的指责有骄傲、狂妄、懒惰和自私。

由此种交流导致的自然选择可能受到一种更为高级的社会行为的强化，那就是为了经常可以赢得女伴而必须有的行为。因为捕猎时有高水准的合作，所以打猎时的英勇、领导能力、工具制造技能和其他一些有助于提高家庭及男性群体地位的明显特征便会关系到性的选择。与此同时，必须对攻击性加以限制，一些复杂的社交技能也必须取代头领统治这种在物种进化过程中形成的古老制度。年轻的男性发现，如果他们能够控制性欲和攻击性，并且耐心等待轮到自己当头领的那一天，他们便能很好地适应自己所属的群体。因此，这些早期人类社会的男性头领极有可能拥有隐忍、妥协的性格。罗宾·福克斯（Robin Fox）曾对他们有这样的描写："自制、狡猾、善于合作、对女性有吸引力、善待儿童、泰然自若、坚韧、能言善辩、技艺高超、见多识广，且擅长自卫和捕猎。"因为更高级的社会特征和成功繁衍后代之间总是存在一种相辅相成的关系，所以即使自然选择不假环境之手施加压力，社会进化仍会永无止境地延续下去。

在某个历史时期，有可能是较原始的南猿向最早的人类过渡的时期，自动催化作用使进化中的族群形成某种新的能力。在这一时期，人类已能够驯养非洲大平原上四处可见的大象等大型食草动物。当人类学会驱赶觊觎他们猎物的大山猫、鬣狗及其他食肉动物时，这一进程可能就已经开始了。最后，原始人成为主要的猎食者，同时他们也不得不保护自己的猎物，以免被别的食肉动物夺取。

两性结合形成了紧密的社会联系，这使儿童得到了更精心的照料。男人离开居留地去猎取大型猎物，女人则负责照料孩子及大部分的果蔬采集工作。在某种意义上，情欲中增加了爱情的色彩。人类性行为和家庭生活中的许多特有细节在这种基本劳动分工制度下很容易出现。但是这些细节并不是自动催化模式的基本内容。之所以将它们列入进化史诗之中，仅仅是因为几乎所有采猎社会都拥有这些细节。

自动催化反应决不会永无止境地进行下去，通常生物过程本身会随时间而变化，这些变化会减缓并最终停止自动催化反应。但是不可思议的是，在人类进化过程中尚未出现这种情况。人脑体积在不断增大，石器工具在不断改进，这表明在过去两三百万年中人类智力一直在发展。在这个至关重要的历史发展时期，人脑进化可能是一次性完成的大跨越，也可能经过了无数次时快时慢的中间发展历程。在生命史上没有哪个器官比大脑长得更快。当古代类人猿进化成真正的人类之后，每10万年人脑便会增大1立方英寸（约一汤匙大小）。这种增长速度一直维持到大约25万年之前，也就是现代人种出现的时候。之后大脑便逐渐停止增长，生理进化逐渐被越来越重要的文化进化所取代。在大约75000年前出现了尼安德特人（Neanderthal man）的莫斯特旧石器文化，这大大推动了文化的变迁,致使欧洲在 4 万年前出现了克罗马努人(Cro-Magnon man)的新石器文化。大约 1 万年前,农业开始出现并传播,人口密度大幅度上升,原始的采猎部落不断衰败,新的部落、酋邦和国家就势不可挡地发展起来。到公元 1400 年以后,以欧洲为中心的文明再度改弦更张,知识和技术的快速发展使整个世界发生了翻天覆地的变化。

在我们向太空时代作最后冲刺的时期,我们没有理由相信智能进化或人类特定社会行为进化有过中断。人口遗传学理论以及有关其他生物体的实验表明,在不到 100 代的时间跨度内便会出现一些质的变化,而倒退这么多时间人类也只是回到罗马帝国时代。从现代人种入侵欧洲的时间算起已经过 2000 代,这么长的时间跨度足以产生新的人种,并可对他们的解剖结构和行为作重大的改造。虽然我们不知道大脑的进化实际上已达到什么程度,但认定现代文明完全是建立在冰河时代以来逐步积累起来的遗传资本之上,那也太草率了。

不过,遗传资本确实很可观。比较可靠的说法是:从 4 万年前的采猎生活方式到苏美尔城邦初露文明的曙光,期间的大部分变化以及从苏美尔到欧洲的所有变化都是文化进化而不是遗传进化创造的。接下来不禁要问采猎社会的遗传特征在多大程度上影响了后来文化进化的历程。

我认为影响很大。世界各地文明的出现都遵循了某种确定的顺序,这个事实是很明显的。各个大型社会是从小型采猎群体发展而来的,在这个发展过程中,社会组织机构日趋复杂,并有条不紊地形成了一些新的特征。当采猎群转变成

社会类型	某些制度（按出现时间排序）	人种学实例	考古实例
国家	地方群体自治、平均主义、临时首领制、特殊仪式、易货经济、不分等级家族、部落同盟、按历法举行仪式、分等级家族、再分配经济、世袭领导制、精英同族通婚、全职专业化手艺、等级制、君主制、立法、官僚制度、征兵、征税	法国、英国、印度、美国	中亚美利加洲、苏美尔、中国商代、罗马帝国
酋邦	地方群体自治、平均主义、临时首领制、特殊仪式、易货经济、不分等级家族、部落同盟、按历法举行仪式、分等级家族、再分配经济、世袭领导制、精英同族通婚、全职专业化手艺	汤加、夏威夷、美洲夸扣特尔人、美洲鲁特卡人、美洲纳齐兹人	墨西哥奥尔梅克文化（公元前1000年）、近东萨迈拉文化（约公元前5300年）、北美密西西比河文化（公元前1200年）
部落	地方群体自治、平均主义、临时首领制、特殊仪式、易货经济、不分等级家族、部落同盟、按历法举行仪式	新几内亚、苏格兰高地人、美洲西南普埃布洛人、北美苏人	墨西哥内陆早期社会（公元前1500—1000年前）、近东陶器出现以前的新石器时代（公元前8000—6000年）
群体	地方群体自治、平均主义、临时首领制、特殊仪式、易货经济	非洲卡拉哈里桑人、澳洲土著、爱斯基摩人、美洲肖松尼人	美国、墨西哥的古代印第安人和早期土著（公元前10000—6000年）、近东旧石器时代后期（公元前10000年）

为部落时，出现了大权在握的男性首领；与邻近群体之间的联盟也更为正式和强大，标志季节更替的仪式也变得普遍起来。随着人口越来越密集，酋邦出现了某些特征：根据家庭成员人数做正式的阶级划分，以世袭制巩固统治，劳动分工更明确，以及在统治阶层的控制下进行财富再分配。由于酋邦反过来又促进了城市和国家的形成，这些基本特征得到了进一步强化。权贵地位世袭在宗教信仰的渲染下变得神圣不可侵犯。其余人则依手艺技能被划分到不同的阶级。宗教和法律都编成了法典，军队得以建立，官僚队伍不断扩大。由于水利系统和农业的完善，人口更为密集。在国家进化的鼎盛时期，建筑物十分雄伟，统治阶级被捧为神族。国家祭典成为宗教的核心内容。

埃及、美索不达米亚、印度、中国、墨西哥以及中美洲和南美洲的早期文明在这些特征上有极高的相似性。这不能解释为巧合或文化间交互影响的结果。在人种志和历史档案中确实有大量记载表明文化在细节上存在差异，这些差异很明显，而且无疑很重要。但是，组织的主要特征是类似的，我们在探讨人类社会进化双轨理论时需要特别注意这一点。

我认为文明萌发的关键原因在于过度发展，即先于文化存在的结构过度发展。如同幼象的乳牙长成长牙、雄麋鹿的颅骨长出硕大多叉鹿角一样，采猎者的基本社会反应本是对环境相对简单的适应，后来发展成较高级社会中极度复杂甚至是怪异的形式。但是，受遗传影响而形成的行为先天倾向决定着史前人类较早、较简单的适应性，同时也制约着上述变化的方向及最后结果。

过度发展有时从一开始就能被发现,在发展早期便被发现的一个例子是原始文化中女性的从属地位。在卡拉哈里沙漠生活的昆桑人没有把性别角色强加给孩子们。成人对女孩和男孩显然是一视同仁的,对他们一样地溺爱和宽容。但是,人类学家帕特里夏·德雷珀(Patricia Draper)对儿童发展做了专项研究,发现还是存在一些细微差异。从一开始女孩就更少离开住宅,更少与大人一起去干活。嬉戏时,男孩更多地模仿成年男子,女孩更多地模仿成年女子。随着儿童的成长,这些差异不知不觉变成了更加明显的成年性别角色差异。女性通常在居住地一英里方圆的范围内采集蒙刚果(mongongo,一种富含热量和蛋白质的坚果)果仁和其他食用植物,并负责汲水。男性则为了打猎要去更远的地方。但是昆桑人的社会生活是悠闲而平等的,工作大多由男女共同承担。有时男性也会单独或与家人一起采集蒙刚果或搭建棚屋(这是女性的工作),女性偶尔也会捕捉小猎物。两性角色都是多变的,并受到所有人的尊重。根据德雷珀的研究,昆桑女性对她们所采集的食物有控制权,她们的行为举止总是"活泼而自信的"。

在少数几个地区,采猎群会定居下来形成村落从事农耕。农耕工作更为繁重,在已知的昆桑族历史上第一次发现让孩子们也分担相当多的农活。性别角色从幼年时期开始便逐步得到强化。女孩比以往更多地待在离家较近的地方以便照料弟妹并做些家务。男孩则看管家畜,并防止猴子、山羊闯入园舍。成年以后，两性在生活方式及社会地位上的差异越发明显。女性基本上是干家务，一天到晚埋首于琐碎杂务之中。男性则继续自由闲逛，自主支配时间和安排活动。

所以，只要短短一生之间便可在一个文化中形成自然的性别统治模式。当社会变得更庞大、更复杂时，女性在家庭以外的影响力往往逐渐减弱，习俗、礼仪和规章法典对她们的约束也增多。随着过度发展的情形加剧，女性完完全全变成一种动产，她们被买卖或争夺，处于双重道德的奴役之下。历史上也有些地方情况相反，但大部分社会是朝着性别统治进化的。

现代社会的绝大部分（甚或全部）基本特征都是采猎群和早期部落国家具有生物学意义的制度的扩充。举两个例子，民族主义和种族主义就是简单的部落主义经过文化滋养后形成的副产品。涅涅（Nyae Nyae）族昆人认为他们自己既完美又干净，而说其他昆人是用毒药害人的异族杀手。文明将自爱提升成为高级文化，人们假托神的意愿来抬高自己，却精心伪造历史文献来贬损其他人。

即使是这种过度发展症的受惠者也很难适应激烈的文化变迁，因为从社会生物学方面来说，他们只适合早期较单纯的社会形态。采猎者最多只需扮演少数几种非正式社会角色中的一两种角色，而在工业化社会中，文化人必须扮演几千个角色中的十种或更多种角色，并在人生的不同阶段甚至在一天中的不同时刻不断转换角色。而且，无论扮演角色的人心中作何感想，每种职业（医生、法官、牧师、服务生等）

都要如此扮演。在扮演角色时如果有明显的偏差，别人就会认为这是能力不强和靠不住的表现。为了扮演角色而装腔作势，不同程度的自我表现，这两者的互相穿插就构成了人的日常生活。在这种紧张的情况下，连"真正的"自我是什么都没法精确界定了，这正如欧文·戈夫曼（Erving Goffman）所揭示的那样：

> 在人与角色之间存在着某种关系。但这种关系与一种相互作用的系统（框架）相适应，人们可以在这个系统中扮演角色，也可以在这个系统中发现扮演者自己原来的样子（自我）。自我不是各事件背后一个半遮半掩的实体，而是在事件发生期间调整自己的多变规则。正如当前的处境要求我们用一个堂皇的假面具将自己伪装起来那样，这个多变规则也规定了我们可以在什么地方、以什么方式表演。文化本身也规定了我们必须相信自己是什么样的存在，这样我们才能按照这种方式来表演。

自我认同危机是现代神经过敏症的主因，城市中产阶级渴望过上返璞归真的生活，这并不令人惊异。

随着形形色色的超大型文化结构的扩增，身在其中的人们往往看不清它们的真正意义。在《食人者与国王》（*Cannibals and Kings*）一书中，马文·哈里斯（Marvin Harris）提出了一系列怪异的例证来说明长期缺乏肉食如何影响宗教信仰的形成。古代的采猎者每天都身涉险境并受环境变动所扰，人口密度很低，但他们的餐食中肉类所占的比例还是比较高的。如我方才所说，早期的人类占据了一个特殊的生态位置，他们是非洲草原上食肉的灵长类。他们在整个冰河时代都保持着这个位置，在此期间他们四处分散到了欧洲、亚洲，最后到达了澳洲和新大陆。农业的发展使得人口密度增加，猎物再也不能提供充裕的鲜肉，于是新兴的文明要么转而饲养家畜，要么降低肉食的比例。但无论如何，食肉仍然是基本的饮食欲望，并在社会进化的过程中根据环境的特殊状况引发各种各样的文化后效。

古代墨西哥和大部分被丛林覆盖的新大陆热带地区一样，鲜有非洲和亚洲草原上常见的大型猎物。而且，阿兹特克人和其他在那里创造了文明的民族未能使家畜成为主要的肉食来源。当墨西哥大峡谷人口日渐稠密后，阿兹特克的统治阶级还是能够享用猪肉、火鸡肉、鸭肉、鹿肉、兔肉、鱼肉等美味佳肴，但平民们几乎就沾不上荤腥了，他们只是偶尔吃吃从特克斯科科湖（Lake Texcoco）中打捞起来的水藻。不过由于可以吃祭神用的人肉，这种状况得到一些缓解。在西班牙征服者科尔特兹（Cortez）进入墨西哥大峡谷的那一年，被吃掉的人多达 15000 个。西班牙征服者在爱索库特兰（Xocotlan）广场上发现有 10 万个头骨一排一排地整齐堆放着，又在特诺克蒂特兰（Tenochtitlan）发现 136000 个头骨。当地的祭司说活人祭祀是得到至高诸神许可的，他们用精心布置的仪式使这种祭祀方式神圣化。他们专门修建了雄伟的白色祭坛，祭坛之上供奉有天神的雕像群，仪式便是在这雕像群中间举行。但是这种种粉饰并不能使我们无视如下事实：那些被当做祭品的活人一旦被挖掉心脏，立马就会像牲畜一样被一刀刀地宰割，切下的肉会分发给众人吃掉。能够享受人肉宴的人有贵族及其随从，还有军人，也就是那群掌握着最高政治权力的人。

起初印度人的营养基础要比墨西哥人强得多，后来随着肉类越来越少他们的文化也发生了变化，这种变化与墨西哥的文化变化不同，但同样意义深远。较早侵入恒河平原的亚利安人独享着牛、马、羊等丰盛肉食。到了吠陀时代末期、印度时代初期（公元纪元前的1000年中），食肉的权力掌握在婆罗门伴侣阶级手中，他们制定祭祀仪式来宰杀牲畜，并以亚利安头领和握有军权的贵族的名义分配肉类。在公元前600年以后，人口变得稠密，而家畜则愈显不足，吃肉便渐渐受到限制，最后只有婆罗门和他们的教父、教母才有资格吃肉。平民们想方设法多饲养牲畜以满足他们那点可怜的需求：获取牲畜产的奶饮用，获取牲畜粪便当燃料，并利用牲畜运输。在这个危机四伏的时期，改良主义的宗教兴起了，最引人注目的是佛教和耆那教，它们都试图废除等级制和宗教职务世袭制，禁止屠宰动物。大众拥护这些新教派，最后他们的大力支持让牛重归为神兽。

所以，历史上一些最令人困惑的宗教活动似乎是由古代人的食肉习惯直接引起的。文化人类学家总是强调宗教是沿着多条有岔道的道路演进的。但这些道路并不是无穷多，而且很可能根本就不太多。如果对人性和生态学有了更为可靠的理解，甚至还有可能计算出这些演变道路的数量，而且能令人信服地解释各种文化中宗教进化的方向。

我认为当代人类的社会行为是人性中较为简单的特征在过度发展后形成的副产品，合并起来就成为一个不规则的嵌合体。其中的某些副产品（如养育孩子、亲属分类等）只有一些小变化，还能显出更新世所留下的痕迹。而其他副产品（如宗教、阶级结构等）却面目全非，只有借助人类学和历史学知识才有可能把它们的文化发展史追溯到采猎时代。即使做到这个地步，还需要有符合生物学的统计学说明。

最极端、最有意义的过度发展产物就是知识的积累与传播。科学技术在加快发展，使我们的社会日新月异。我们已经拥有像人类大脑那样具有记忆的计算机，从这一点我们就能实实在在看到科技的巨大发展。如果一台计算机差不多有帝国大厦（Empire State Building）那样庞大，所需的动力相当于大古力水坝（Grand Coulee Dam）发电量的一半，那这台计算机就确实不太实用。然而，到了 20 世纪 80 年代，一旦用上目前还处在实验阶段的"泡沫记忆"（bubble memory）新元件，计算机的体积便可缩小，变得和帝国大厦内的一个办公套间一样大。同时，随着信息流速的加快，计算机的信息存储和检索水平也会有提高。在过去 25 年间，越洋电话和无线电广播成倍增长，电视已在全球范围普及，书籍和刊物的发行空前增加，扫盲已成为大多数国家的目标。在美国，主要从事信息工作的人在总劳动人口中的比例已从 20% 增加到 50%。

真正的知识是最终极的解放者。它使人人平等、各主权国家平等，它扫除迷信的障碍，并可望使文化进化提速。但我认为知识不能改变人类行为的基本规则，也不能改变可以预见的历史发展基本进程。自我认识将揭示人类生物本性的一些要素，现代社会生活正是以这些要素为基础，通过各种奇特的方式而繁荣起来。这种认识可助我们更准确地判断人类未来的种种行为哪些是安全的，哪些是危险的。我们也可能会更加审慎地确定人性要素中有哪些应该弘扬，哪些应该扼制，哪些应该欣然接纳，哪些应该小心处理。但我们不会消除坚实的生物基本结构，除非很久以后我们的后代学会改变基因。我已经陈述了上述基本观点，现在我请你根据社会生物学理论重新思考四类基本行为，即攻击行为、性行为、利他行为和宗教行为。

第五章
攻击

人类是否天生就具有攻击性呢？这是大学研讨会和鸡尾酒会上人们喜欢谈论的话题，也是让各派政治理论家兴致高昂的话题。这个问题的答案是肯定的。纵观历史，战争这种最有组织的攻击方式存在于所有社会中，从采猎群到工业化国家无一例外。在过去三个世纪中，欧洲的大多数国家大约有一半时间花在战事上，几乎没有哪个国家持续享有过100年的太平时光。基本上每个社会都对强奸、勒索、谋杀制定了详细的制裁措施，同时通过复杂的习俗及旨在尽可能减少不可避免的小冲突的法律来调节日常社会关系。最值得注意的是，人类的攻击行为有其自身的特点，虽然人类从根本上来说属于灵长类动物，但是他们的攻击行为有别于其他物种的攻击行为。只有让"天生"和"攻击性"这两个词失去原有的意义，我们才能说人类的攻击性不是天生就有的。

有些理论家为基因开脱罪名，把人类的攻击性完全归咎于环境反常。他们指出有极少数社会看来是几乎或完全和平的。他们忘记了"天生"是指一种特征可能在特定环境中得以发展，并非一定会在所有环境中得以发展。根据这个标准，人类的攻击行为具有明显的先天遗传倾向。事实上，实情要比上述的解说更清楚明白。今天最和平的部落在过去往往是劫掠者，将来很可能又产生出好战好杀之徒。如今的昆桑族成年人之间几乎不会发生暴力事件，伊丽莎白·马歇尔·托马斯（Elizabeth Marshall Thomas）称他们为"无害之人"真是名副其实。但就在 50 年前，这些"灌丛人"的人口密度变大，中央政府的管理也不太严，他们的人均凶杀率就与底特律和休斯敦不相上下。马来半岛的舍麦人（Semai）则表现出了更强的可塑性。大多数时候他们好像完全没有暴力攻击的概念。他们不知道凶杀是什么意思，连明确表示"杀"的词也没有（他们比较爱用"打"这种婉转的表达）。他们不打小孩，不到万不得已的时候不杀鸡。父母很注意培养孩子养成这些非暴力习惯。20 世纪 50 年代初，英国殖民政府征募舍麦人攻打共产党游击队，舍麦人根本不知道当兵就是要去打仗和杀人。美国人类学家罗伯特·K·邓坦（Robert K. Dentan）曾写道："很多了解舍麦人的人坚持认为，这么不好战的民族永远不可能成为好军人。"但事实证明他们错了：

> 恐怖分子杀死了舍麦反暴动部队里的一些同族。舍麦人离开自己的非暴力社会，又受命去杀人，好像被卷入一种疯狂状态，用他们自己的话来说是"醉血"。一位具有代表性的退伍军人这样述说："我们杀了又杀。马来亚人还会停下来搜死人的口袋，拿走手表和钞票。

我们没去想那些东西，只一门心思想着杀人。哇，我们真的是醉血了。"有一个人竟然说他喝过自己亲手所杀的人的血。

和大多数其他哺乳动物一样，人类也有行为范围，即根据具体情况出现或消失的一系列反应。人类在遗传上与其他不具有这种行为模式的动物有区别。因为这个行为范围很复杂，不是简单的反射式反应，所以心理分析学家和动物学家在试图对人类攻击性的普遍特征作令人满意的总结时遇到了极大的困难。如果要阐释大猩猩的攻击性或老虎的攻击性，他们也会遇到同样的困难。在《论攻击性》（*On Aggression*）一书中，康拉德·洛伦茨用动物行为研究的新资料给这一观点赋予了新的意义。他的结论是：人类与其他动物一样，都有攻击行为这种普遍本能。这种驱力必须要得到释放，哪怕是通过竞技体育运动。埃里希·弗罗姆（Erich Fromm）在《人类破坏性分析》（*The Anatomy of Human Destructiveness*）一书中提出了一个不同但更悲观的观点。他认为人类受一种独特的死亡本能支配，这种本能通常导致人类出现不同于动物的病态攻击行为。

以上两种解释在根本上都是错误的。与许多其他行为和"本能"一样，所有物种的攻击行为都是一系列不分明的不同反应，神经系统对这些反应的控制各不相同。这些反应至少可以分成七类：保卫和征服领土、主张对组织良好的群体的支配权、性攻击、借以解除依附关系的敌意举动、攻击猎物、防御反击食肉动物以及为强化执行社会规则而发起的道义性、惩戒性攻击。响尾蛇的攻击行为就很能说明这些基本类型之间的区别。当两条公蛇争夺一条母蛇时，它们会把颈部缠在一起角力，好像在比试谁的力气大。它们的毒液对兔子和老鼠是致命的，对同类也一样是致命的，但它们不会互咬。当响尾蛇追踪猎物时，它会从任何一个位置突然袭击猎物。但是，如果局势不利，碰到了能威胁其安全的大型动物，响尾蛇就会盘绕起来，头部处于盘曲身体中央上方，略向前倾摆出攻击姿态，同时竖起响尾摆动。如果侵犯者是食蛇的大王蛇，响尾蛇就会摆出一副完全不同的姿态：它将身体盘绕起来，将头部藏在身体下面，然后抬起尾部拍击大王蛇。由此可知，要了解响尾蛇或人类的攻击性，就有必要弄清楚攻击行为属于什么类别。

　　动物学的不断研究也证明上述各类攻击行为没有一类可算作所有物种的普遍本能。在各个物种的遗传进化过程中，每一类攻击行为都可能演进、改变或消失，正如眼睛的颜色可能会变化，某种皮肤腺可能增加或者消失。在自然选择严酷的时候，这些变化可能在几代之内便在整个族群里发生。事实上，在所有特征中，攻击行为在遗传上最不稳定。我们常常会发现鸟类或哺乳类动物很保护自己的地盘，它们密切监视着居住环境内的每一寸土地。为了把入侵的同类驱逐出其小小的私人领地，它们或跳绚丽的舞蹈，或大声尖叫，或散布恶臭。然而，它们可能会和没有地盘性防卫行为、但和它们在其他方面相近的其他物种和平共处。在其他类型的攻击行为上，各物种之间也普遍存在同样明显的区别。简言之，目前还没有证据表明存在着一种普遍而一致的攻击本能。

生态学研究揭示了不存在普遍攻击本能的原因。相同物种个体之间的大部分攻击行为是环境拥挤造成的。动物用攻击来获取当时稀缺或可能在生命周期某个时候稀缺的必需品，一般是食物或者栖息地。当周围成员数量增加时，它们对其他成员的威胁会加剧，并且更频繁地展开攻击。这种行为会导致成员密度降低，死亡率提高，出生率下降。在这种情况下，攻击行为就是控制成员数量增长的"密度制约"。当攻击行为逐渐加剧时，它就像一只正在拧紧的阀门，使成员增长的速率减缓直到最后停止增长。相比之下，某些其他物种基本不缺或从来不缺生活必需品。这些物种数量的减少是由猎食动物、寄生生物或迁徙等密度制约因素导致的。这类动物一般会和平共处，因为它们的数量很少多到采取攻击行为反而有利可图的地步。如果攻击行为不会带来任何好处，那么在自然选择过程中也不会被编入物种的天生行为之列。

追随洛伦茨和弗罗姆的新闻记者以前把人类描绘成科学无法解释的嗜血动物。这也是不对的。虽然人类具有明显的攻击性倾向，但离最残暴的动物还相距甚远。就拿鬣狗、狮子和叶猴这三种我们熟悉的动物来说，最近的研究表明它们致死搏斗、残杀幼崽甚至同类相食的比例远远高于人类。从每年个体残杀千分率来看，人类在暴力攻击者名单中的排名会很低，而且我相信，即使把人类各时期的战争也算在内，我们的排名仍是末尾。下面是牛津大学动物学家汉斯·克鲁克（Hans Kruuk）对鬣狗群内部争夺刚杀死的羚羊的描述：

> 这两群鬣狗高声嚎叫着混战起来，但只过了几秒钟，它们又分了开来，蒙其（Mungi）鬣狗逃走，而搔岩（Scratching Rock）鬣狗追了一小会儿便又回到羚羊尸体旁。可是有十多头搔岩鬣狗逮住了一头成年雄性蒙其鬣狗，在它身上到处乱咬，腹部、脚和耳朵是它们攻击的重点部位。它们把蒙其鬣狗团团围住，撕咬了约10分钟，与此同时，其他搔岩鬣狗则在吃死羚羊。这头雄性蒙其鬣狗差不多被撕扯散架了，后来我走近去检视它的伤势，发现它的耳朵已被咬了下来，脚和睾丸也没有幸免，脊椎受伤以致瘫痪，后腿和腹部有很长很深的伤口，全身都有皮下出血……次日早晨，我发现一只鬣狗在吃它的尸体，而且有证据显示还有别的鬣狗也光顾过；大约三分之一的内脏和肌肉已被吃掉。这些同类相食的家伙！

在其他哺乳动物自然史的记载中，这类描写比比皆是。我怀疑，如果狒狒拥有核武器的话，它们会在一周之内毁灭这个世界。还有蚂蚁，它们把凶杀、激战当作家常便饭，相比之下，人类真是没啥脾气的和事佬。如果有人想亲自证实这种说法，那就去美国东部的城镇，在那里很容易看到蚂蚁大战。你只要看看人行道或草地上混战的黑棕色蚂蚁群就够了。那些斗士通常是敌对的铺道蚁（学名是 Tetramorium caespitum）群成员。一场战事可能会有几千只蚂蚁参与，战场一般是几平方英尺的草根丛林。

最后一点，较残暴的人类攻击行为并非周期性暴发的天生驱力的表现。弗洛伊德和洛伦茨提出的"驱力释放"理论已被更严密的解释所取代，这种解释以遗传潜能与学习的交互作用为基础。人类学家理查德·G·赛普斯（Richard G. Sipes）提出的"文化模式"理论为这种解释提供了最有说服力的证据。赛普斯注意到，如果根据驱力释放理论，攻击行为是积聚在大脑然后释放出来的东西，那么它能以战争的形式出现，也能以战争替代活动的形式出现，如对抗性体育活动、恶毒巫术、文身和其他仪式化损伤身体的行为、对行为偏常者的虐待等。因此，战争活动会减少比战争程度轻的替代活动。如果按照文化模式理论，潜能经后天学习得以强化，而暴力攻击行为则是潜能的实现，战争活动的增加应该伴随战争替代活动的增加。塞普斯比较了10个明显好战的社会和10个爱好和平的社会，他发现文化模式理论比驱力释放理论更站得住脚：随着战争的发展，对抗性体育活动和其他暴力程度较低的攻击行为也有较大发展。

将人类的攻击行为视为基因与环境交互作用而产生的有结构、可预测的模式，是符合进化理论的，应该可以被为先天后天问题争论不休的双方阵营接受。一方面，攻击行为（尤其军事行动、犯罪暴行这样较为危险的攻击行为）的确是后天习得的。但这种学习是有先天准备的，这一点在第三章中已解释过；在特定条件下，我们身上强烈的先天倾向使我们易于深陷非理性的敌意之中。如果任其发展,敌意会越来越盛并触发无法控制的反应,迅速演变成隔阂与暴力。攻击行为不像液体持续对容器壁施加压力,也不像活性材料倒进容器,它更像预先混合好的化学品,只要加入催化剂,然后经过加热和搅拌就会发生变化。

这个神经化学过程的产物就是人类所特有的攻击反应。假设我们可以把所有物种可能有的所有反应都列举出来,在此我们假设刚好有 23 种反应,分别用 A 到 W 来表示。人类不会也不可能表现出每一种行为;也许世界上所有人类社会的反应汇总起来可用 A 到 P 来表示。而且这些反应的发展程度也是各不相同的。在所有抚育儿童的现有条件下,A 行为到 G 行为出现的可能性很大,H 行为到 P 行为只在极少数文化中可以见到。人类所遗传的就是这种概率模式。我们说每一种环境都有一种对应的反应概率分布。要充分说明这个统计特征,我们必须把人类和其他物种做比较。我们注意到猕猴的攻击行为可能只有 F 到 J 这几种,其中 F 和 G 出现的可能性较大;然而一种白蚁只能出现 A 行为,另一种白蚁只能出现 B 行为。人类出现哪些行为取决于他们在各自文化环境中的经历,但是人类所有可能出现的行为与猴子、白蚁可能出现的行为一样,都是遗传的。社会生物学家所要分析的正是每种行为模式的进化过程。

捍卫地盘的行为是攻击行为的变种之一,可以直接用生物学的新观点来评价。研究动物行为的人把"地盘"定义为"占领者通过直接捍卫或间接宣告主权的方式独占的区域"。

这个区域总是有稀有资源，一般还有稳定的食物来源、栖息地、性炫耀空间或产卵地。资源有限通常导致个体间的竞争，这间接影响了成员数量的增长，成为一个密度制约，所以捍卫地盘的行为是防止环境发生长期变化的缓冲器。换言之，捍卫地盘的行为可防止成员数量急剧增长或急剧下降。动物学家对动物个体的日常作息、饮食行为和能量消耗作了深入研究，发现只有在紧要资源的捍卫代价合算的情况下，动物才会发生捍卫地盘的行为。捍卫代价合算是指在地盘捍卫中保留下来的能量超过支出的能量，增加的生存和繁殖数量超过伤亡数量。研究者还对某些情况作了进一步的研究，证明动物所捍卫的食物地盘的大小正好能产出足以满足健康生存及繁衍所需要的食物，或者比这略大一点。另外，地盘还有一个"无敌的中心"，地盘的主人在捍卫行动中总是比入侵者勇猛得多，因而通常能取胜。从一个特殊的意义来讲，捍卫者比入侵者有"道德优势"。

对人类捍卫地盘行为的研究还处于初级阶段。我们知道，世界各地的采猎群在捍卫拥有稳定食物来源的土地时通常都是颇具攻击性的。巴拉圭的瓜亚基印第安人（Guayaki Indians）非常谨慎地守护着自己的狩猎地，把越界行为一律视为宣战。火地的奥那人（Ona）社会在因欧洲影响而瓦解之前，常会对因追捕南美羊驼而进入其领地的邻族人发起袭击。大盆地的瓦肖印第安人（Washo Indians）也是一样，对于那些在"他们的"湖里捕鱼或在地盘里冬季资源较丰富的地区猎杀"他们的"鹿的异族人，总会予以痛击。涅涅族灌丛人（Nyae Nyae Bushmen）认为他们有权杀死到他们的寻食区域采集重要可食植物的邻人。居住在澳大利亚沙漠地区的瓦尔比利人（Walbiri）特别关注他们的水潭。一个采猎群必须获得当地采猎群的允许方可进入其地盘，擅自越界者很可能会被杀死。早期的观察者记录了瓦尔比利人内部为争夺水井控制权而发生激烈争斗，结果双方各有20多人丧生。

虽然这类记事早已为人所知，但是人类学家只到不久前才开始用动物生态学的基本理论分析人类的捍卫地盘行为。拉达·戴森－赫德森（Rada Dyson-Hudson）和埃里克·A·史密斯（Eric A. Smith）注意到，采猎者们所捍卫的区域正是那些看起来捍卫代价最合算的区域。如果食物资源分散在各处，且无法预知可以获取食物资源的时间，采猎群就不会保卫他们的居住区域，实际上还常常把偶尔发现的丰富食物资源与他人共享。举例来说，西松松尼人（Western Shoshoni）所占据的地盘是大盆地上一块干旱贫瘠的土地，那里的猎物和可食植物极为贫乏，数量没有保障。他们的人口密度很低，每20平方英里（约52平方公里）大约只有一个人，捕猎和采集活动一般都以个人或家庭为单位进行。相对而言，他们的居住范围非常大，游牧生活是必然的。各个家庭互通信息，诸如哪里可以采集矮松果实、哪里有大片角豆树、哪里有兔群可以围赶等等。西松松尼人聚集在一起的时间很少，无法形成采猎群或村庄。他们对土地所有权或土地上的资源没什么概念，只有鹰巢是个例外。

与西松松尼人的情况相反，欧文斯山谷的派尤特人

（Owens Valley Paiute）占据了相当肥沃的土地，矮松茂密，动物繁多。各村庄组织成多个采猎群，每个采猎群分别占据山谷的几个地段，这些地段横跨欧文斯河，并延伸到河两岸的山脉。各采猎群的领土靠社会和宗教手段来防卫，有时也会诉诸威胁和武力。各领土上的居民顶多只会邀请其他采猎群的人（特别是他们的亲戚）到自己的领土上采集松果。

大盆地各部族所表现出来的灵活性在其他哺乳动物族群中也能看到。人类和动物在这方面的表现是与其居住范围内维生所需资源的丰富程度和空间分布相关联的。但是表现的范围却因物种而异，人类的总体表现范围虽然很大，但并没有涵盖所有动物行为模式。从这个意义来看，人类捍卫地盘的行为在表现形式上是受遗传限制的。

地盘捍卫的生物学规则很容易转换成现代财产所有权仪式。如果我们去掉感情因素和润饰情节，而采用概括的方法来描述这种行为，那么这种行为会展现出新的面貌。乍一看觉得很熟悉，因为它控制着我们的日常生活；而后又觉得明显不同，甚至觉得十分怪异，因为它毕竟只是单个哺乳动物物种的判别特征。每种文化都形成了其特有的维护个人财产和空间的规则。社会学家皮埃尔·范登伯格（Pierre van den Berghe）用下面几段文字描写了西雅图附近度假区里当代人的行为：

> 在进入家庭领地之前，访客和游人（尤其是那些不速之客）通常要经过一套仪式：表明自己的身份、引起

主人注意、问候主人并为可能打扰了主人而道歉。如果是在户外碰到主人的，就在户外进行这样的行为交流，最好以成人为对象。如果先碰到主人的孩子，就问他们父母在何处。如果在户外没有见到主人，客人一般来到主人住所门前，发出一些声响示意自己来了，如果门关着就敲门或者按门铃，如果门开着就呼唤主人出来。一般只有在主人认出来客并发出进屋邀请后，客人才能跨过门槛。此刻客人也只能进入客厅，进入浴室、卧室等其他房间通常需要征得主人的同意。

客人来访时，（度假区）俱乐部的其他成员把他看做是主人的延伸，也就是说，客人的地盘权利仅限于在他主人的地盘，主人要为客人闯入其他人的地盘负责……孩子也同样不被当做独立的个体，而被当做是他们父母或监护人的延伸，孩子们闯入他人地盘的行为（尤其是屡次闯入）要由他们的父母或监护人来负责。

俱乐部所有成员可以随意使用穿越整个居住区的土路，既可以通过土路回到自己的区块，也可以在土路上散步。主人们在户外相遇时会出于礼貌而互相打招呼，但是未经过对方同意不能随意进入对方的区块。但是和进入他人的房子相比，进入户外区块的仪式则随意一些，也没有那么复杂。

战争就是用暴力破坏社会团体所遵守的复杂而强大的领土禁忌。大多数好战政策背后的推动力乃是种族中心主义，即个人对同宗同族人非理性的极端忠诚。一般来说，原始人把世界截然地分成两部分，一部分是自己身边的环境，包括家庭、自己所在的村庄、亲族、朋友、驯化的动物、巫师；另一部分是较远的世界，包括邻近村庄、部落联盟、敌人、野生动物和鬼。这种基本的分类使得敌友界限较容易划清，敌人是要打杀的，而朋友不能如此对待。原始人还把敌人贬低成恐怖、甚至是低于人类的动物，这样敌友对比就更加明显了。

巴西蒙都鲁库（Mundurucú）的猎头人就是如此区分敌友的，而他们实际上把敌人当成猎物。该族勇士谈论帕里瓦特（parivat，意为非蒙都鲁库人）时用的语言如同他们谈论野猪和貘用的语言。能猎取敌人首级的人在部落中享有很高的地位。人们相信这样的人具有特殊的影响力，他们身上有森林赋予的超自然力量。战争已然上升为一种高级技艺，蒙都鲁库猎头人能巧妙地猎取其他部落人的脑袋，就像猎取一群特别危险的动物一样。

蒙都鲁库猎头人会非常仔细地计划袭击行动。在黎明前的黑暗掩护下，他们将敌人的村庄包围，与此同时，巫师悄悄地对村人作法催眠。破晓时就开始进攻了。他们把燃烧的箭射向茅草屋，然后尖声喊叫着从森林冲向村庄，把村里人逐向空旷之地，无情地杀戮成年男女。因为要把全村人斩尽杀绝既困难又冒险，所以袭击者很快就提着人头撤退了。他们要全速行进很长一段路程，直到筋疲力尽时才停下来稍事休息，然后继续赶路回家或去往下一个敌人的村庄。

威廉·H·德拉姆重新分析了罗伯特·F·墨菲（Robert F. Murphy）有关蒙都鲁库人的资料，提出一个很有说服力的观点，即战争和狩猎象征是有利于猎头勇士个体适应性的直接自然选择。德拉姆运用自然科学的传统方法，将蒙都鲁库人战争和其他原始战争的种种证据放在三条互相排斥、互相冲突的假说中，这些假说似乎已经把遗传和文化之间的关系悉数论尽了。

假说一：在原始社会中，战争文化传统的进化与人类生存繁衍能力无关。人们打仗出于各式各样文化上的理由，这些理由与遗传适应性没有固定的关系，也就是说，与个体及其亲族的成功生存、繁殖无关。原始战争无法用社会生物学原理来充分解释，把它当做纯粹的文化现象，亦即社会组织和政治协商的产物比较合适，社会组织和政治协商本身与遗传适应性没有关系。

假说二：原始战争文化传统在进化过程中有选择地保留那些能增强人类综合遗传适应性的特征。人们及其近亲发动战争是为了在与其他部族和本部族的其他成员的繁殖竞争中长期立于不败之地。文化中的诸般作为一般具有进化论意义上的适应性，战争可能只是这条规则的一个例证，虽然看起来并非如此。

假说三：原始战争文化传统在群体选择过程中得以进化，这种群体选择过程推崇勇士的自我牺牲精神。勇士是为了群体利益而战，因而并没指望为自己和自己的直系亲属谋求利益。占优势的部落通过增加这种无私勇士的绝对人数来扩张，尽管在战争中具有这种遗传特征的人比部落中的其他成员减少得更快。文化中的诸般作为在某种程度上受到遗传特征的影响，这些特征有利于整个群体，但不利于具备这些特征的个体，暴力攻击倾向就是一个很好的例子。

就蒙都鲁库猎头人而言，第二个假说最能解说勇士的行为。勇士因其凶残而勇敢的特质获得了直接而有形的利益。虽然缺少可靠的人口统计数据，但有间接证据表明，蒙都鲁库人缺少高质量蛋白质，因而在过去人口不多，虽然现在生活太平，但这种状况没有改变。蒙都鲁库人生活的环境是热带稀树草原，那里主要的人口密度制约因素似乎一直是附近雨林中猎物的数量，尤其是野猪的数量。男性主要的日常工作就是狩猎。他们平常都是集体出动，因为野猪是成群结队活动的。获得猎物后，他们按照严格的规则将猎物分配给村中各家各户。周围诸部落的狩猎区与他们的狩猎区有重叠，必须通过竞争来获得资源。如果蒙都鲁库人消灭了大批争夺者，他们占有森林资源的比例也就相应增加了。战争的生物效应在成功的蒙都鲁库猎头人身上显然非常直观。

然而蒙都鲁库人自己没有完全意识到好战行为有什么进化论优势。他们对好战行为的辩护是基于强大而又难以理解的习俗与宗教规条。取敌人首级只是他们与生俱来的行为。在他们的部落教典中，捍卫领土或他人挑衅都不是挑起战争的原因。对他们而言，非蒙都鲁库人天生就是该杀的。对此墨菲写道："也许可以这么说，敌人部落引致蒙都鲁库人发动战争只是因为它们存在于世上，而'敌人'这个词指的是任何非蒙都库人群体。"传统的宗教活动主要有两类，一是祈求赐予丰富的猎物，二是猎物保存仪式。蒙都鲁库人认为，如果有猎人猎杀动物只取皮毛，而将尸体丢弃，任其腐烂，那么超自然的精灵"母亲"很快会对他施以报复。所以，他们认为敌人属于猎物不足为奇，成功的猎头人被称为"达捷搏西"（Dajeboisi，意为"野猪之母"）也不难理解了。然而蒙都鲁库人并不是因为懂得生态学中的干扰竞争原理、密度制约或动物和人口统计学才有这些行为的。他们发明了比较简明的方法来区分朋友、敌人、猎物和森林精灵，这种方法和生态学的科学理解起到了相同的作用。

有组织的暴力行为的具体形式不是遗传的。没有一种基因能够区分绞刑与炮烙、猎取人头与同类相食、冠军决斗与种族屠杀。但是人类有为攻击制造文化机制的先天倾向，这种文化机制将有意识的心灵与基因所设定的原始生物过程分离开来。文化决定了攻击的具体形式，并将部落所有成员遵循该攻击形式的行为神圣化。

攻击行为的文化进化似乎受以下三种力量的共同制约：（1）学习某种形式的集体攻击的遗传倾向；（2）由社会所处环境强加的必要性；（3）群体的历史，它使群体倾向于采取特定的文化形式。让我们回到发展生物学常用的比喻上来，处于文化进化过程中的社会可以说是沿着一条很长的发展地形的斜坡向下移动。形式化攻击行为是一条条很深的沟渠，文化可能沿着这条沟渠发展，也可能沿着那条沟渠发展，但是不可能完全避开这些沟渠。这些沟渠的形成缘于学习攻击反应的遗传倾向与居住区自然属性之间的相互作用，居住区的自然属性会促成某些攻击反应形式的形成。社会发展的方向受到了预先存在的文化特征的影响。

高质量蛋白质的缺乏明显限制了蒙都鲁库人的数量，他们把猎取人头这种做法变成一种习俗，借此减少狩猎区域内的竞争。委内瑞拉南部和巴西北部的雅诺玛摩人（Yanomamö）则不同，他们的人口暂时处于快速增长阶段，居住范围也在扩张。限制人口数量的不是食物而是女性的数量。按照动物社会生物学原理，在食物充足并缺少强敌的情况下，雌性个体的数量往往会成为限制族群增长的密度制约因素，不过这条原理只得到了部分验证。正如拿破仑·沙尼翁（Napoleon Chagnon）所指出的那样，雅诺玛摩人打仗是为女人，也是为给死于女人抢夺战争中的族人报仇。这并不是草率或无关紧要的先入之见。雅诺玛摩人一直被称为"蛮人"，这倒是恰如其分。沙尼翁调查的一个村庄在19个月里遭到25次邻村的袭击。雅诺玛摩族的男人有四分之一死于战争，但是活下来的勇士在子孙繁衍方面通常很成功。有一位村落联盟的创始人娶了8个妻子，生了45个子女。他的儿子也是枝繁叶茂，因此在这个村落联盟可观的总人口里约有75%是他的后代。

显然，攻击行为的具体手段（如采取伏击还是公开宣战，使用石斧还是使用竹矛）深受两个因素的影响，一是手头的材料，二是过去习俗中便于沿用的点滴片段。克劳德·李维－斯特劳斯（Claude Lévi-Strauss）说得好，文化会就地取材。

但是我们还不太清楚是什么过程让人们倾向于创造攻击性的文化。只有在三个层次上来思考攻击行为的决定因素，才能完全了解攻击行为在人类社会中的进化过程。这三个层次分别是最终极的、生物性的先天倾向，当前环境的要求，以及影响文化演变的偶然因素。

虽然有证据表明人类的生物本性使有组织的攻击行为开始进化，并且大致上操控了有组织的攻击行为在多个社会的早期进化历程，但是这种进化的最终结果是由文化过程决定的，而文化过程日益为人的理性思考所控制。战争是生物性先天倾向过度发展的一个直接例证。原始人把他们的世界分为敌友两界，对于来自划定界限以外的哪怕最微小的威胁，他们在情绪上也会有迅速而强烈的反应。随着酋邦和国家的出现，这一倾向便变得一成不变了，有些新社会还把战争当做政策工具，可悲的是，那些最擅长使用战争工具的社会成了最成功的社会。战争的进化是任何人都无法停止的自动催化反应，因为如果有人要想单方面反转这一过程，势必会沦为战争的牺牲品。一种新的自然选择模式在全体社会中运行。对此课题昆西·赖特（Quincy Wright）在他具有开拓意义的著作中写道：

> 文明产生于好战的民族，而爱好和平的采猎者们被赶到天涯海角，且逐渐被消灭或同化，唯一使他们感到些许满足的是，那些善用战争工具的国家因摧毁本民族而变得强大，如今它们也沦为战争工具的受害者。

人类学家基斯·奥特拜因（Keith Otterbein）研究过46种文化中的战争行为，对影响战争行为的变量做了定量分析。这些文化中，有较为原始的提威（Tiwi）和希瓦罗（Jivaro），也有较高级的社会，如埃及、阿兹特克、夏威夷和日本。他的主要结论并不令人吃惊：社会中的权力变得更集中、结构变得更复杂之后，必会发展出更成熟的军事组织和战斗技能；军事上越先进，扩张领土并取代竞争文化的可能性就越大。

　　一直以来，文明受到文化进化和有组织的暴力行为的轮番推挤，到了现在，文明离核毁灭只有一步之遥。但台湾海峡、古巴和中东等地的领导人仍然证明他们能够力挽狂澜。阿巴·埃班（Abba Eban）在谈到1967年阿以战争的时候说过一句令人难忘的话：人类会将理智作为最后的手段。

　　不仅国家局势可以扭转，整个进化过程也可以扭转，即使面对根深蒂固的文化习俗也是一样。新西兰在尚未被欧洲人控制之前，当地的毛利人（Maori）是世界上攻击性最强的民族之一。他们的40个部落之间经常发生血腥的袭击事件。侮辱、敌意和报复深深烙印在部族人的记忆里。勇气和为个人荣誉而战是无上美德，用武力制胜则是最高成就。安德鲁·维达（Andrew Vayda）是研究原始战争的专家，根据他的说法，毛利人发动战争的主要动因是生态竞争。复仇导致公开争夺土地，然后就是领土征伐。毛利人根据亲族关系结成联盟，与血缘关系最远的人作战，目标明确地扩张自己的领土。1837年，尼加布西（Nga Puhi）部族的两派正在进行战事，赶到现场的荷基杨卡（Hokianga）勇士无法决定支持哪一边，因为他们和两边的血缘关系一样近。这种领土战争的主要作用是稳定人口。当群体人口增加，原有空间变得拥挤时，他们就会以驱逐及减少敌对群体的方式来扩张。毛利人部落群体的组成结构在不断变化，但总人口密度始终维持在一定水平上，就像肯尼亚的狮群一样，捍卫地盘的攻击行为起着生态控制的作用。

这种可怕的平衡终于在欧洲的枪炮引入时被打破。可以理解，毛利人第一次在英国殖民者那里看到火枪的时候，他们完全被迷住了。有一位旅行者记录了他在1815年左右的一次遭遇：

> 我用猎枪对着近旁树上的鸟开了一枪，刚巧打中了，此举竟然引起全村男女老少的一声骚动。他们不知道这是怎么回事，为了表明内心的惊异他们开始大声叫嚷，吼声震耳欲聋。我把打死的鸟拿给他们看，他们看得非常仔细。这时我发现那棵树上还有一只鸟，便再度把鸟打下，这又一次使他们惊异万分，喊叫声比第一次的还要响。

没过几年毛利人的首领就拥有了自己的枪，并且用枪给邻族造成惨重伤亡。一位名叫洪基·西基（Hongi Hiki）的尼加布西部落首领从英国商人那里购买了300支枪，开始了他短暂的征服者的生涯。在1828年去世之前，他和他的同盟发动了无数次征战，杀掉了成千上万的人。他们的直接动机是一雪前耻，但是他们也没有使尼加布西族的权势和领土扩大多少，因为其他部落也迅速武装起来，在不断升级的敌对状态下与尼加布西族势均力敌。

这场武装竞赛很快就造成了自我限制的后果，因为甚至连胜利者也付出了惨重的代价。为了获得更多火枪，毛利人花了大量时间来生产亚麻和其他可以与欧洲人交换武器的作物。

为了种植更多的亚麻，许多人移居到潮湿的低地居住，结果在那里病死的人为数众多。在二十年左右的火枪之战里，有整整四分之一的人口直接或间接死于武装冲突。到1830年，尼加布西人开始质疑用战争来复仇到底有什么意义，旧的价值观很快就崩溃了。从19世纪30年代到19世纪40年代早期，大量毛利人迅速皈依基督教，各部落间的战争完全停止了。

总而言之，人类的攻击性既不能说成是天使的瑕疵，也不能说成是动物本能。它也不是恶劣环境下的病态征状。人类有强大的先天倾向，面对外来威胁会生出非理性的敌意，也会为了确保自身安全将敌意升级到足以战胜外来威胁的地步。我们的大脑确实好像被预先编好程序，我们爱将其他人划分成敌友两类，此种倾向有如鸟类能学会捍卫地盘的鸣叫，能够按照北极星座的指引飞行。我们往往对陌生的举动满怀恐惧，也往往以攻击的方式来解决冲突。这些学习规则极可能是在人类过去几十万年的进化过程中进化出来的，也因此给那些准确无误地遵守这些规则的人带来了生物性优势。

暴力攻击的学习规则大部分已不再使用。我们不再是使用矛、箭、石斧来解决争端的采猎者。但是不再使用这些规则并不等于消除了这些规则。我们只能绕开它们。要想让这些规则没有用武之地，我们必须有意识地选择心理发展进程中那些崎岖难行、人迹罕至的道路来走，这样我们才能驾驭和减轻人类本性中学习暴力的倾向。

曾有人听过雅诺玛摩人这样说："我们厌倦打仗。我们不想再杀别人。但是别人很奸诈，无法信任。"不难看出，所有人都是这么想的。如果以和平为目标，学者和政治领袖会发现，深入研究人类学和社会心理学，同时将这种专门知识作为政治学和日常外交礼仪的一部分来宣扬，那是十分有益的。为了给和平提供一个更坚实的基础，就要促进政治和文化之间的关系，使两者密不可分地融合在一起。一代又一代的科学家、文豪、商业精英以及马列主义者都在有意无意地做着这样的工作。如果这种融合关系变得更加深厚，那么未来的人们恐怕不会再认为彼此在种族、语言、国籍、宗教、意识形态、经济利益等方面互不相干了。毫无疑问，除此之外还有其他方法能适当地抑制人类的攻击天性，从而为人类造福。

第六章
性

性是人类生物学的中心问题，它是一种变化无常的现象，渗入人类生活的方方面面，并且在生命周期的各个阶段呈现出不同的形式。性的主要目的不是生殖，因此性这个问题既复杂又含糊。生物在进化过程中已经产生了比交配、受精这样复杂的程序更有效的繁殖方法。细菌只需一分为二（许多菌类每二十分钟就分裂一次），真菌会排出大量孢子，水螅则可以直接在身体上长出后代。海绵的每一块碎片都能长成一个完整的新生物。如果繁殖是生殖行为的唯一目的，那么我们的哺乳动物祖先也能以无性的方式进化。每个人都可以是无性的，中性子宫的表面细胞可长出新的后代。即使是现在，人类偶尔也会有像细菌那样快速的无性繁殖方式，即受精卵单次分裂形成同卵双生子。

性的主要功能也不是给予和接受快感。绝大多数动物的性行为是机械的，也很少有性交前的挑逗。细菌和原生动物没有神经系统也能完成性结合，而珊瑚、蛤蜊和许多其他无脊椎动物干脆把性细胞排到水里，根本没动过一点脑筋，因为它们没有健全的大脑。快感充其量只是让动物交媾的诱饵，它引诱那些有着复杂神经系统的生物投入大量时间和精力来求偶、性交和哺育下一代。

而且，无论从何种意义上来说，性都是一种无偿耗费精力且充满危险的活动。人类的生殖器官在解剖上极其复杂，有多种功能失常会危及人的性命，如宫外孕和性病。求偶活动的时间很长，超出了传达信号的最低需要，不仅费神费力，而且危机四伏，求偶者越是全情投入，被情敌或猎食动物杀害的危险也更大。从微观层面来看，决定性的基因工具极为精细，也很容易受到干扰。对于人类来说，一种性染色体过多或过少，或在胚胎发育时激素水平发生细微变化，都会导致生理和行为上的异常。

因此性本身没有什么一目了然的进化优势，而且有性繁殖还会招致遗传上的损失。如果生物体不是有性繁殖，那么它所有的子裔都会和它一模一样。反之，如果一个生物体与另一个不相干的个体有性繁殖，它的每个子裔会有一半基因是外来的。这样每繁殖一代，相同的基因就要减少一半。

因此，选择无性繁殖有很多理由：它私密、直接、安全、省力，而且在遗传上于己有利。既然如此，为什么会进化出性来？

主要原因是性可创造多样性，而多样性是亲代为了对抗无法预测的环境所采用的一种方法。假设有两种动物，其个体均带有两种基因，我们把一种基因命名为 A，另一种基因命名为 a。举例来说，A 基因决定眼睛的颜色是褐色，a 基因决定眼睛的颜色是蓝色，或者 A 基因决定右利手，a 基因决定左利手。这两个物种的个体都拥有这两种基因，所以应该都是 Aa。假定其中一个物种采用无性繁殖，那么该物种每个亲代的所有子裔都是 Aa。

另一个物种采用有性繁殖，它会产生性细胞，每个性细胞只带有一种基因，不是 A 就是 a。当两个个体结合时，它们的性细胞会结合起来。由于每个成年个体贡献的性细胞带有 A 或 a 基因，于是后代便会有三种可有的型态，即 AA、Aa 和 aa。因此，从 Aa 个体开始，无性亲代只能繁殖出 Aa 后代。这时发生了环境变化，比如出现酷寒、洪水或有危险猎食动物入侵，在这种情况下 aa 个体有生存优势。到了下一代，有性繁殖的群体将显示出生存优势，成员以 aa 型个体为主，直到环境发生了有益于 AA 或 Aa 个体的变化。

多样性及其导致的适应性可以解释为什么那么多种生物体不厌其烦地采用有性繁殖这种方式。它们在数量上远超过那些采用无性繁殖的物种。无性繁殖虽然直接、简单，但从长远来看，却不是那么明智。

那么，为什么通常只有两种性别呢？从理论上讲，进化出单性的性系统也是可能的，亦即在解剖上相同的个体能够产生形状完全相同的生殖细胞，并且不加区分地把它们结合起来。有些较低级的植物就是这样的。存在几百种性别也是有可能的，有些真菌就是如此。但是两性系统在整个生物界占主导地位，这种系统似乎能实现最有效的劳动分工。

雌性专事产卵。卵的体积大，不会很快干燥，在不利环境下能消耗内储的卵黄存活下来，可由亲代转移到安全的地方，并且能在受精后多次分裂，不需要摄取外部营养。雄性则专事制造精子这种小配子。精子是极小的细胞单位，小到只有一个装着 DNA 的头和一条尾巴，尾巴的那点能量只够驱动精子奔向卵的位置。

两种配子受精结合后立马就创造出一种基因混合体，外面包裹着坚韧的卵壳。雌性和雄性合作生产受精卵，这样在多变的环境下至少有一部分后代可以存活下来。受精卵和无性生殖细胞有着根本的区别，前者是一个崭新的基因混合体。

两性的性细胞在解剖上的区别常常很悬殊。例如，人的卵子比精子大 85000 倍。这种配子二态性对人类性生理和性心理有多重影响。最重要的直接影响是女性对她的每一个性细胞投入很大。女性一生中只能排出约 400 个卵子，其中最多只有 20 个左右可以变成健康的婴儿。女性在孕育和抚养孩子的过程中要付出巨大代价。相比之下，男性一次射精就能释放 1 亿个精子。一旦完成受精，男性的生理任务就算完成了。男性基因和女性基因传递给子裔的机会是相同的，但是男性的投入远比女性少，除非女性能让男性也来承担抚育后代的责任。从理论上说，如果一个男人可以随心所欲，那么他在一生中可以让成千上万个女人受孕。

由此产生的两性之间的利益冲突不仅存在于人类，也存在于绝大多数的物种中。雄性好攻击，同性之间尤其明显，在繁殖季节最为剧烈。在多数物种中，雄性最有利的策略是果敢决断。从卵子受精到幼崽出生这段时间里，一个雄性可以使许多雌性受孕，但一个雌性只能接受一个雄性的授精。因此，如果雄性接二连三地去求爱，那么它们之中有些会成为大赢家，有些则一败涂地，而几乎所有健康的雌性都能受孕。雄性的好斗、急躁、用情不专、来者不拒能给它们带来好处。从理论上讲，雌性在确定雄性带有优良基因以前应该保持腼腆、矜持的态度，这样做对它们是有利的。对于要养育后代的物种，雌性还有一个重要的择偶原则，那就是要选择在自己受孕后更可能留自己身边的雄性。

人类非常遵守这些生物原则。现存的成千上万个社会在具体的性道德观念和两性分工方面的确存在着巨大差异。这种差异和文化有关。各个社会根据环境的要求形成各自的习俗，在此过程中，人类完整地复制了其他物种的很多做法：在婚姻方面从严格的一夫一妻制到极端的多配偶制，在行为和服装方面从中性到男女迥然不同。人们随心所欲地改变自己的态度，社会风尚在一代人中就可能发生变化。不过这种灵活性并不是不受限制的，其中潜藏着完全符合进化论的普遍特征。因此，现在让我们把注意力集中在生物学上重要的普遍特征上，暂时不考虑文化控制的可塑性，虽然后者也非常重要。

首先，人类有轻微的一夫多妻倾向，两性关系中的变化多数由男性引起。约有四分之三的人类社会允许男性娶多位妻子，此举还大多得到法律和习俗的鼓励。而造成一妻多夫制的社会还不到1%。其他实行一夫一妻制的社会也只是在法律意义上如此，姘居和其他婚外关系的存在造成了事实上的一夫多妻现象。

因为男性通常将女性当做一种有限的资源，因此也是一种有价值的财产。在此情形下，女性成为攀婚（嫁给社会地位较高的男性）的受益者。一夫多妻和攀婚从根本上说是互补的策略。在各种文化中都是男性主动追求并获取芳心，而女性则受保护并用来交易。男孩子们可以在外放荡，而女孩子们则有被人糟蹋的危险。当性可以拿来交易时，男性往往是买主。可以料想得到，妓女在社会上遭人轻视，因为她们把自己宝贵的生育资产让给陌生人。12世纪的迈蒙尼德（Maimonides）把这种生物逻辑简洁地表述如下：

> 因为只有同宗的人才能把兄弟之情和互助互爱表现得最完美，所以，有共同祖先（即使是远祖）的部落会由于这种关系而互爱互助，互相怜惜。法律的最大目标就是达到这样的境界。因此，妓女为社会所不容，因此她们的存在破坏了血统关系。妓女生的孩子在人们眼里是陌生人，没有人知道那孩子属于哪个家族，孩子的家族也不知道有这样一个孩子。对孩子和孩子的父亲来说，这都是再糟糕不过的事情。

人类的解剖构造带着明显的性别分工印记。男性平均比女性重20%到30%。在体重相同的情况下，男性在大多数体育项目中力量更大，速度更快。男性的四肢比例、骨骼扭力、肌肉密度都特别适合奔跑和投掷，这正是远古时期采猎社会的男性专门从事的活动。径赛的世界纪录反映了这种男女差别。男性冠军总是比女性冠军快5%到20%。1974年，100米赛跑男性快8%，400米赛跑快11%，1英里（约1609米）赛跑快15%，1万米赛跑快10%。在其他各项赛跑中，也都是男性比女性快。就连在马拉松这种不靠体格或蛮力制胜的比赛中，男性仍然快13%。在马拉松比赛中，女性的耐力和男性相当，但男性跑得更快，男子马拉松冠军能够用5分钟跑完1英里（约），而且可以连续跑26英里。不能将男女之间的这种差距归于缺少激励措施或训练。东德和苏联的赛跑女将是从全国选拔出来的，她们接受的训练是非常科学的。她们中的冠军屡屡刷新奥运会纪录和世界纪录，但成绩还是比不上当地男子径赛的平均成绩。当然，从整体来看，男性和女性的运动成绩还是有很多共同之处。最优秀的女运动员比大部分男运动员出色，而且女子田径比赛本身竞争也很激烈。但是平均成绩和最佳成绩之间有很大差距。举例来说，1975年美国女子马拉松冠军的成绩放在全国男子组中只能排在第752位。体格大小不是决定因素。与女性体格相当的125—130磅（约57公斤—59公斤）的小个子男选手并不比更高、更重的其他男选手逊色。

　　同样重要的是，在少数几个体育项目中女性和男性旗鼓相当或超越男性，这些项目都与原始狩猎技巧和攻击行为没什么关系，比如长距离游泳、技巧型体操项目、精准箭术（非远距离射箭）、小口径步枪射击。各种体育项目和体育活动变得越来越复杂精细，因此对技巧和敏捷性的要求也越来高。在这种情况下,预计男性和女人性的总体成绩会更接近。

人类两性之间的性情差异与哺乳动物的普遍特征相符。女性总的来说优柔寡断一些,也没有那么争强好斗。性别差异的程度取决于文化。在主张人人平等的社会环境里,这种差别很微小,只在统计学上有意义;而在某些极端的一夫多妻制社会里,女性事实上被视同奴隶。但是这种差异的程度并不是最重要的问题,重要的是无论差异程度如何,女性与男性这种质的差异始终存在。男女的平均性格特征有着根本性的不同,基本上不存在男女换位的情况。

文化把男女在体能和性情上的差异放大,使男性占支配地位成为普遍现象。历史上还未曾出现过一个由女性来主宰男性政治与经济生活的社会。即使在女王或女皇当朝的时代,也主要通过男性来贯彻她们的旨意。直到本文撰写之时,也依然没没一个国家是由女性担任国家元首的,虽然以色列的果尔达·梅厄(Golda Meir)和印度的英迪拉·甘地(Indira Gandi)在不久前还是她们国家果敢决断、能力卓著的领导人。在人类学家研究的诸社会中,要求女方从娘家搬到夫家的约占75%,而要求女婿倒插门的只占10%。在传承血缘关系上,通过父系的比通过母系的多5倍。男性在历史上充当着酋长、巫师、法官、武士等角色,而信奉技术统治论的现代男性则统治着工业国家,领导着企业和教会。

以上所述的差异是有案有查的,但是这些差异对未来有什么意义呢?要想改变这些差异,是否容易办到?

遗传和环境分别在多大程度上造成两性行为角色差异?

对此问题进行客观评估显然具有重要的社会意义。我认为有证据说明两性之间存在微小的遗传差异，行为基因几乎和所有现存的环境因素互相作用，在早期心理发展过程中造成了明显的分化，在后期的心理发展中，这种分化又被文化制约和训练所扩大。经过审慎规划和训练，人类社会有可能消除上述微小的遗传差异，但要消除两性分化则需要我们根据完备和正确的知识做出清醒的决定，这些知识现在我们还不具备。

有大量证据可以证明行为上的遗传差异。总体来讲，女孩生性爱交际，不爱冒险。举例来说，女孩从一生下来就比男孩爱笑。这个特征可能特别说明问题，正如前文所说，在所有人类行为中，微笑是最具先天性的行为，因为它的形式和功能几乎是不变的。有几项独立研究的结果表明，新生女婴闭着眼睛自发微笑的次数比新生男婴多。这种习惯很快会被有目的、有交流作用的微笑所取代，并一直持续到 2 岁。此后，频频微笑成了女性较为固定的特征之一，这种特征贯穿于青春期和成年期。女婴满 6 个月后，相比没有社交意义的刺激物，她们更留心交流中使用的图像和声音。同龄的男婴则不会这样区分。接下来的个体发育过程是这样的：1 岁的女孩面对泥制面具时表现出较强烈的恐惧和胆怯，而且在陌生环境里较不愿意离开母亲的身边。再长大一些后，相比同龄男孩，女孩更爱社交，但较不喜欢冒险。

帕特里夏·德雷珀（Patricia Draper）在研究昆桑人时发现男孩和女孩的养育方式没有差别。大人对孩子们管得很紧，却并不过分，也很少让孩子们干活。男孩比女孩更爱跑到远处,既见不到人影,也听到声音。较大的男孩喜欢和成年男子一起去打猎,而女孩子却不那么喜欢跟妇女一起出去采集食物。布勒顿·琼斯(N.G.Blurton Jones)和梅尔文·J·科纳(Melvin J. Konner)做了更细致的研究,他们发现男孩还经常扭打玩耍和公然攻击。他们不像女孩子那样常和大人相处。昆桑族人极明显的两性区别就是从这些细微的差异开始一点一点逐步形成的。

在西方文化中,男孩一般比女孩更爱冒险,更加具有攻击性。埃莉诺·麦科比(Eleanor Maccoby)和卡罗尔·杰克林(Carol Jacklin)在《性差异心理学》(*The Psychology of Sex Differences*)一书中总结道:这些男性特征是根深蒂固的,可能有遗传根源。从最早的社交性玩耍开始,2 到 2 岁半的男孩在语言和行动上均表现出较强的攻击性。他们有很多假想敌,常常假装打仗,爱吓唬别人,甚至还发动身体上的攻击,这些都是与其他男孩争夺强者地位时常有的行为。罗纳德·P·罗内(Ronald P.Rohner)汇总了多项其他研究,这些研究表明这种差异存在于很多文化中。

对上述观点持怀疑态度的唯环境论者可能仍然会如此争辩:角色扮演在早期出现的两性分化并没有生物性的因素,它只不过是对幼儿期有偏向的教养方式的反应。如果真是如此,那么这种教养方式必定十分微妙,至少在施行之时是不完全自觉的,而且被全世界的父母所采纳。以最近有关两性人的生物研究所得的证据来看,唯环境论的假设是站不住脚的。两性人在遗传上是女性,但在胚胎早期发育阶段获得了不同程度的男性解剖结构。这种异常现象有两种情况。

第一种是一种罕见的遗传性疾病，病因是某个基因的位置发生了变化，这种病叫做女性肾上腺生殖系综合征。不论男女，只要携带两个这种发生变化的基因（也就是说人体每个细胞中均缺乏正常的基因），便会使肾上腺无法产生正常的激素，即可的松。肾上腺会分泌一种与雄性激素作用相似的前体物质。如果个体在遗传上是男性，那么这种激素水平增高对性发育没有什么影响。如果胚胎是女性，那么雄性激素水平异常会使外生殖器显现出男性特征。有时候病患的阴蒂形似一条小阴茎，大阴唇也闭合起来。在极端的情况下，甚至发育出完整的阴茎和没有睾丸的阴囊。

第二种是使用人造激素治疗导致的异常。20世纪50年代，女性为了防止流产常使用孕激素，这是一种人造物质，其作用类似于孕期人体分泌的正常激素黄体酮。有少数病例显示，孕激素使女性胚胎男性化，使胎儿变成了两性人，这和女性肾上腺生殖系综合征的后果一样。

完全出于巧合，由激素造成的两性人病例颇像严格控制的科学实验，可用于评估遗传对性别差异的影响。这种实验并非无懈可击，但是和我们可能设计的其他实验一样说明问题。两性人在遗传上是女性，她们的内生殖器官也完全是女性的。在美国研究的大多数病例中，患者都是在婴儿期就做了外生殖器外科手术，从而完全恢复女性特征，然后像普通女孩一样成长。这些孩子在胚胎发育期受到雄性激素或类似物质的影响，但是之后被"调教"成普通女孩，直到成年。

在这些病例中，我们可以后天学习的影响和深层生物变化（在有些病例中，生物变化是由已知的基因突变直接造成的）的影响分开来仔细研究。几乎可以肯定地说，行为男性化归因于激素对大脑发育产生的影响。

这些女孩在激素和解剖结构上变得男性化，那她们的行为是否也有相应变化呢？约翰·莫尼（John Money）和安克·埃哈特（Anke Ehrhardt）发现她们的行为变化很明显，而且这些变化与生理变化密切相关。在相似的社会背景下，与正常的女孩相比，激素水平发生变化的女孩在成长过程中更常被视为假小子。她们对运动技能比较感兴趣，更喜欢跟男孩一起玩耍，偏爱运动裤和玩具枪，而不是套装和玩偶。肾上腺生殖系综合征患者对于要扮演女性角色常感到不满。由于她们要使用可的松来治疗遗传缺陷，所以对她们的评估可能不太精确。激素治疗本身就可能导致她们出现男性化的行为。如果激素治疗真有这样的影响，那本质上也是生物性的影响，虽然其程度不如胚胎男性化那么深。当然，在受孕激素影响的女孩身上就不可能有这种影响。

如果把人类比作树木，那么枝芽在刚萌发的时候就有点弯曲了，对此我们要怎么解释呢？这说明男女劳动分工的普遍性并不完全是文化进化的偶然结果，但同时也支持传统观点，即各个社会在男女劳动分工程度上的巨大差异是文化进化造成的。指出其中存在微量的生物性成分是为了提出一些方案供未来社会自觉选择。在此我们可以看到人类本性的第二种困境出现了。女权运动正在世界范围内进行着，在充分认识到这一点的情况下，每个社会至少要在如下三者中选择其一：

一是制约社会全体成员，夸大两性在行为上的差异。这种模式几乎存在于所有文化中。其结果通常是男性支配女性，多种职业和活动将女性排斥在外。但事实并不一定非得如此。至少在理论上，一个精心设计的社会尽管存在严格的两性劳动分工，但也可以比没有男女差别的社会拥有更丰富的精神世界，更多姿多彩的生活。这样的社会虽然让男女从事不同的职业，但可以保障人权。一定程度的社会不公也是不可避免的，而且很容易扩大到变成灾祸的地步。

二是训练、培养社会全体成员，消除两性在行为上的一切差异。通过采用定额分配及有性别偏向的教育，应该有可能创造一个使男女在所有职业、文化活动甚至体育竞赛（这是非常极端的）中享有平等权利的社会。尽管必须把性别的先天倾向削弱，但这种生物性差异也还没有大到使这番事业不可能实现的程度。这种控制措施的一大好处是可以彻底消除群体和个体的性别歧视，由此能够创造一个更和谐、更富有创造力的社会。但是对社会成员施加的管控将不可避免地损害某些人的人身自由，至少有少数人无法充分发挥自己的潜力。

三是为两性提供平等的机会和途径，但不采取进一步的行动。不做任何选择是所有文化的第三种选择。乍看之下，放任自流似乎最有利于个人的自由和发展，其实未必。即使让男女接受相同的教育，给他们提供平等的就业机会，男性从政、从商和从事科学工作的比例可能仍然高于女性，很多男人不会完全投入养育孩子这项同样重要的工作。这种结果当然可以视为对个体完整情感发展的限制。以色列集体农场是当代践行平均主义最有影响的代表之一，那里也有类似的分化和局限。

20世纪40年代和50年代，集体农场运动风起云涌，运动领导人提倡男女完全平等，鼓励女性去担当以往只有男人才能担当的角色。起初这一政策似乎很成功。当时在意识形态上塑造了"第一代新女性"的观念，大量新女性纷纷涌入政治、管理和体力劳动等领域。尽管她们和她们的女儿从一出生就受到新文化的熏陶，但还是在某种程度上回归到了传统角色，而且在回归的路途上女儿比母亲走得更远。如今女儿这一代人要求并接受每天有更多时间来照顾孩子，和孩子待在一起的时间被称为"爱的时刻"，真是意味深长。有些极有才能的女性也不愿步入商界和政界去担任高层领导，因此在这些领域里，女性的人数远远少于同代的男性。有人为此争辩道，尽管以色列集体农场内部的角色分工现象比外界明显，但女性回归传统角色的现象只是反映了强大的父权传统在集体农场以外的以色列社会中有持续的影响力。以色列的这个事例告诉我们，要根据遗传或是意识形态来预测行为变化的结果及评估行为变化的意义非常困难。

性别角色的这种模棱两可令人困惑，我们从中可以得出一个肯定的结论：仅凭生物性限制的证据不可能指出一条理想的行动道路。但是这些证据可以帮助我们列出选择方案，并估量每种方案的代价。估量代价时要考虑花在教育和巩固工作上的额外精力，以及个体在自由和潜力方面的损耗。现在让我们来面对真正的问题：既然每种方案都要我们付出代价，且具体的道德原则也鲜有普世公认的，那么选择一个方案也并非易事了。在这种情况下，我们应该考虑一下汉斯·摩根索（Hans Morgenthau）的明智建议："将政治智慧、道德勇气和道德判断相结合，人类便会在政治本性和道德命运之间寻求妥协。这种妥协无非是权宜之计，它尴尬、不稳妥，甚至荒谬，会使有些人大失所望，这些人用抚慰人心的逻辑来铺陈表面的和谐，试图借此掩盖和扭曲人类存在的悲剧性矛盾。"我认为这些矛盾的根源就在人类先前遗传史的遗迹中，其中最棘手、最难以了解但又不可回避的便是性别角色差异的轻微先天倾向性。

　　有待生物社会学理论研究和评估的另一个遗迹是家庭。目前，美国核心家庭的数量正在减少。核心家庭的基础是长期的两性结合、地理流动性及女性操持家务。从 1967 年到 1977 年，离婚率升高了一倍，女性当户主的家庭增加了三分之一。1977 年，每三个学龄儿童中就有一个生活在单亲家庭里，或由亲戚照料。学龄儿童的母亲中，有超过一半在外工作。对于许多夫妻二人都外出工作的家庭，日托中心已经接过了照料孩子的责任。而这些家庭中较大一些的孩子大多自带钥匙，他们在放学后到父母下班回家之间的这段时间里完全无人管束。美国的出生率直线下降，1957 年平均每个家庭有 3.8 个孩子，1977 年下降到 2.04 个。如果与妇女解放以及大批妇女就业联系起来看，美国这个拥有最先进技术的国家所发生的这种社会变化必然会有深远影响。但是这是否也意味着家庭是注定要消亡的文化产物？

我认为不是。从广义上讲，家庭是指有亲密关系的成年人及其子女的组合体，一直以来家庭都是人类社会组织中最为普遍的一种。像印度的那亚（Nãyar）、以色列的集体农场这样看似不合常规的社会并不是真正自治的社会群体，而是生活在较大社会中的特殊亚群体。无论是核心家庭还是大家庭，家庭在历史上的许多社会中历经无数磨难，但始终存在不灭。在美国历史上，奴隶买卖经常会拆散奴隶家庭，非洲人的习俗受到蔑视和打击，婚姻和亲子关系得不到法律保护。然而他们的亲族却代代延续下来，每个人都有所归依，孩子们拥有家族姓氏，人们恪守乱伦禁忌。这些非洲人一直都对家庭有着深深的眷恋，对此有很多口传故事和书面记录可以作证。下面引述的这封信就是一个很好的例证，农奴卡西（Cash）和他的家人与佐治亚州种植园的亲人分离，他们在 1857 年的一封信中写道：

> 克蕾莎，爱你的爸爸和妈妈向你、你的丈夫和我的外孙菲比、马格、克洛、约翰、朱迪、苏问上许多声好。向奥菲·辛妮拉姑姑、明顿和利特·普拉卡斯问好，向查尔斯·尼格、菲利斯和他们的孩子卡西、普莱姆、拉斐特问好。向卡西兄弟波特和他的妻子蓓仙丝问好。维多利亚向她的表亲贝克和米莉问好。

历史学家赫伯特·G·古特曼（Herbert G. Gutman）认为，类似的亲属关系网遍及美国南方，很多连奴隶主也不知道。今天，在最贫穷的黑人聚居区也依然维系着这种亲属关系网。卡罗尔·斯塔克（Carol Stack）在她的名著《都是一家人》（*All Our Kin*）中指出，美国最穷困的黑人对自己有哪些亲戚了如指掌，彼此间的忠诚也不需怀疑，这是他们生存的基础。

在20世纪60年代和70年代，美国一些社区尝试组织男女平权社会，他们把孩子送入托儿所里抚养。有此种尝试的人大多是中产阶级白人。但是，杰罗姆·科恩（Jerome Cohen）和他的同事发现，传统的核心家庭一再卷土重来。到了最后，社区中的母亲们表示要自己照顾孩子，她们的这种愿望比普通婚姻家庭中的母亲们更强烈。她们中有三分之一的人把孩子从集体托儿所接回来，改为与丈夫一起照顾孩子。在更传统的社区中，越来越多的男女选择非婚同居的方式，并推迟生育时间。不过他们的社交生活方式仍然很像传统意义上的夫妇，其中还有许多人最终选择以传统的方式养育子女。

即使在一些异常情况下，人类爱组成家庭的先天倾向也表露无遗。罗斯·吉奥拉巴多（Rose Giallombardo）发现，西弗吉尼亚州奥得森市联邦女子教养所里收容的女性自行组成许多像家庭般的单位，这种单位的核心成员是有性关系的两个女性，她们以夫妻相称。还有一些女性充当兄弟姐妹的角色，年长的则充当父亲、母亲、叔伯、姑姨，甚至还有人当祖母。这种家庭角色分配和外面的异性世界是完全一样的。

教养所中的这种模拟家庭为其成员提供保护和建议,使她们有一种安定感。当有人受处罚时,还可提供食物和药品。有趣的是,男子监狱中的犯人形成的是较为松散的阶层组织,所有犯人分别被归入不同的等级,在这样的组织中,权力与地位是至高无上的。男犯人之间的性关系相当普遍,但是那些充当被动女性角色的男犯人往往遭到轻视。

性纽带最突出的特点是它超越了性行为,这对人类社会组织有着极为重要的意义。遗传多样性是性的终极功能。性行为的生理快感服务于遗传多样性,而遗传多样性的重要性超出了生殖过程的重要性。性快感也是为性纽带服务的,性纽带又发挥其他作用,其中有些作用与生殖的关系甚远。这些功能以及复杂的连锁因果关系正是性意识广泛渗透人类生存之各个层面的深层原因。

一夫多妻现象和两性性情差异可以直接用一般进化理论来说明。但是要解释性纽带和家庭的隐秘功能,此法就行不通了。我们还有必要研究那些与人类最接近的其他物种的历史,并做出有关实际进化过程的推论。有少数几种灵长类动物(特别是狨和长臂猿)有与人类非常相似的家庭结构。雌雄动物一对对终生相伴,共同把后代抚养到成年。动物学家认为,这些动物生活的特殊森林环境使性纽带和家庭稳定性具有进化优势。他们猜测,人类家庭也是为了适应特殊的环境条件才得以形成的。这个假设虽然很盛行,但可作为依据的事实极少。

我们知道,最早的真正意义上的人类是两三百万年前的能人（Homo habilis，一个已经灭绝的人种，被认为是最早制造工具的人，其部分头骨和体骨于1960—1963年在非洲坦桑尼亚北部的奥杜瓦伊峡谷中发现——译者注），他们和其他灵长类动物有两个不同之处：一是他们离开了祖先们久居的森林，二是他们会狩猎。他们捕捉的动物包括羚羊、大象和其他大型哺乳动物，这些动物是大多数素食猿猴类无法捕捉的。能人身材瘦小，个子只有12岁的现代人那么高，他们没有尖牙和利爪，跑起来也肯定比四足动物慢。他们要想适应新的生活方式只能依靠工具和完美合作。

新的合作要采取什么方式呢？很可能是社会全体成员联合起来，男女老少一齐出力。但是这可能涉及劳动分工，可能是女性外出打猎，男人留守营地，或者是反过来。也可能不是按性别而是按体格来安排狩猎者。社会生物学理论目前尚处于起步阶段，还无法判断什么合作形式的可能性最大。两百万年前的考古证据也不足以说明能人到底采用了哪种合作方式。我们只能依靠现存的有关采猎社会的资料，这些社会的经济和人口结构与远古人类的最接近。这方面的证据仅供参考，而不能据此下结论。

在已研究的世界各地100多个社会中，男人负责大部分或全部狩猎工作，女人负责大部分或全部采集工作。男人形成有组织的流动群体，常远离营地追捕大型猎物。女人参与捕捉小猎物，采集大部分果蔬。男人带回来富含蛋白质的食物，女人则采集提供大部分热量的食物。女人还要不定期地制作衣物和修建房屋。

人类和典型的大型灵长类动物一样，生育过程很长。母亲怀胎九个月后分娩，之后要辛苦养育孩子，一天要喂上好几次奶。采猎群内的女人总要想办法拴住男人，让他们提供肉食和兽皮，并分担抚育孩子的工作，这样对她们有好处。另一方面，男人独占一个女人并独占属于自己的经济利益也是有好处的。如果我们对采猎者生活的有关证据做的解释是正确的，那么可以说正是这种利益交换导致了配偶关系的普遍存在，也导致了以夫妻为核心的大家庭广布于世界各地。可以合理假设，家庭生活中的性爱和情感满足建立在大脑生理机能的促进机制上，遗传过程使性爱、情感与家庭生活的结合变得更加紧密，这在某种程度上导致了这种机制的形成。由于男性生育间隔时间比女性短，所以一夫一妻的关系多多少少会受到一夫多妻现象的削弱。

在灵长类动物中，人类在性行为的强度和多样性方面是非常独特的。在其他高级哺乳动物之中，也只有狮子的性活动超过人类。男性和女性的外生殖器都特别大，在阴毛的映衬下更为显眼。女性的乳房也很大，超过了容纳乳腺的需要，乳头是性敏感区，周围是一圈显眼的乳晕。男女两性的耳垂都较肥厚，对触摸非常敏感。

女性几乎没有发情期或欲望很盛的时期，和其他动物相比这一点很特别。多数其他灵长类雌性动物只在排卵期才变得蠢蠢欲动，甚至具有攻击性。它们的外生殖器甚至会膨胀变色，体味发生变化恐怕也很常见。雌性猕猴会分泌出大量脂肪酸来引诱雄性猕猴。这些现象在人类女性身上都不曾发生。她们的排卵是很隐秘的,即使精心选择性交时间也不一定能让她们受孕或避孕。女性在整个月经周期内都可以接受性爱,而且她们的性反应能力几乎没有什么变化。其他哺乳动物有发情期,而女性不会达到这种巅峰状态。在进化过程中她们已经把发情期清除掉,而使之在时间上平均分布。

为什么会有持续的性反应呢?最可信的解释是这种特征可促进两性结合。这种生理适应性把原始人类家族的成员更紧密地结合在一起,带来了进化上的优势。男女之间频繁的性活动通常是巩固一对一结合的主要手段,它也减少了男性之间的攻击行为。在狒狒群和人类以外的其他灵长类动物社会中,当雌性进入发情期,雄性之间的敌意就会加剧。发情期在早期人类身上已经消失,由此减少了此类敌对争斗的发生,保障了男性猎人之间的团结。

人类是很懂得享受性爱的。他们热衷于邂逅或艳遇,陶醉于幻想和诗词歌赋,沉迷于肌肤相亲前调情的微妙之处。这些均与生育没有什么关系,但和两人的结合密切相关。如果授精是性的唯一生物功能,那么几秒钟内便交合在一起是更经济有效的方式。事实上社会性越弱的哺乳动物在交配时也越少见有任何仪式。那些在进化过程中已长期建立两性结合关系的物种也大多是最讲究求偶仪式的物种。与此一致的是,人类性快感是加强两性结合的最主要巩固力量。爱和性确实是密不可分的。

犹太教和基督教的理论家一直都曲解了性的生物学意义。直到今天,罗马天主教会仍坚持认为性行为的主要作用是丈夫为妻子授精。保罗六世教皇（Pope Paul VI）在1968年发出一份题名《论人生》（*Humanae Vitae*）的通谕，禁止采用任何形式的节育措施，排卵期禁欲除外；同时也谴责一切婚外"生殖行为"；手淫不是一种正常的性兴奋手段，而是一种"本质上严重反常的行为"。1976年，在信仰教义集会的训令中又一次强调了该通谕。

天主教会如此做的依据是自然法理论。上帝把永恒不变的训令植入人的本性中，这个观点正是自然法理论的基础。这个理论是错误的，它所阐释的规律是生物性的，是由自然选择写就的，不需要什么宗教或世俗权威来强制执行，不懂生物学的神学家曲解了这些规律。我们对人类遗传史所做的一切推测都要求我们主张更为自由的性道德观念，性行为首先应被视为性结合的方式，其次才是繁衍的手段。

尚未成熟的生物学提出了认同同性恋的假说，在这一问题上，它遇到了尖锐的对立。教会严禁同性恋行为，认为它"在本质上反常"。许多其他文化也如此认为。在萨克森豪森（Sachsenhausen）、布辛沃德（Buchenwald）和其他纳粹集中营中，同性恋者身上有粉红色的三色形标志，为的是将他们与带有黄色星形标志的犹太人和带有红色三角形标志的政治犯区别开来；后来，当劳动力不足时，外科医生以阉割的方式来改变同性恋者。中国和其他一些社会主义国家压制同性恋，因为它们惧怕同性恋带来的深层政治影响。在美国的部分地区，同性恋者仍然无法享有全部的公民自由权利，大多数精神病专家仍把同性恋当做一种疾病来治疗，并认为治疗该病非常棘手。

西方文化的卫道士们谴责同性恋是可以理解的。犹太基督教道德是以《旧约》为基础的，《旧约》的作者是一个好战游牧民族的众先知们，这个民族的成功是基于迅速而稳定的人口增长，而人口增长的促进因素正是接二连三的领土攻伐。《旧约》中《利未记》的训诫正是针对这种特别的存在状况，其中有这样一句："不可与男人苟合，像与女人一样，这本是可憎恶的。"当社会很重视人口增长时，《圣经》的这种逻辑就似乎很符合朴素的自然法则观点，因为在这种情况下性行为的首要目的似乎就是生儿育女。大多数美国人至今仍遵循这一古老的训诫，即使他们与早期以色列人的人口增长目标完全不同。这其中的逻辑是，同性恋者根本是不正常的，因为他们无法通过同性恋行为生育子女。

按照这种逻辑，则古往今来的罪人便不在少数了。阿尔弗雷德·金赛（Alfred Kinsey）发现在上一代美国人中，有多达 2% 的女性和 4% 的男性是彻底的同性恋者，有 13% 的男性在一生中至少有三年时间基本上是同性恋者。今天，保守估计彻底同性恋者有 500 万，而同性恋者自己认为如果把隐秘的同性恋者也算在内，这个数字可达到 2000 万。这些人形成了一种美国亚文化，他们的隐语词汇有数百个。几乎在所有其他文化中都存在不同形式的同性恋行为，其中有些高度开化的文化甚至允许或赞同这种行为，如古代的雅典、波斯、伊斯兰社会，罗马共和国晚期和罗马帝国早期，中东的古希腊城市文化，奥斯曼帝国，以及日本的封建时期和近代初期。

我想提出一点，同性恋从生物学上说很可能是正常的，它很有可能是一种特殊而有益的行为，并作为早期人类社会组织的一个重要成分逐渐发展。同性恋者可能是人类某些珍贵的利他冲动的遗传载体。

若从社会生物学理论这个全新的视角来看，某些事实可作为这个激进假说的依据。其他动物的同性恋行为很常见，从昆虫到哺乳类动物都有，但是在猕猴、狒狒和黑猩猩这些最智慧的灵长类动物身上，这种行为表现得最淋漓尽致，是异性恋的替代形式。这些动物的行为表明它们的大脑中潜藏着双性恋性向。雄性完全可以扮作雌性与其他雄性性交，而雌性之间偶尔也有性交行为。

人类有一个重要的不同之处。人们的大脑中可能潜藏着双性恋性向，性向摇摆不定的人即充分表明了这一点。但是彻底的同性恋或彻底的异性恋没有动物那样的性向摇摆，它们始终只有一种性向。大多数彻底的男同性恋者喜欢男性伴侣，而彻底的女同性恋者喜欢女性伴侣，他们（她们）具有完全的同性性倾向。一般来说，男人娘炮大多与他们对性伴侣的选择无关。在现代而非原始社会中，爱女性装扮的男人中只有少数是同性恋者，大多数男同性恋者在着装和举止方面与男异性恋者没有明显区别。女同性恋者也是如此。

这个特殊的同性恋特征是我们了解人类同性恋行为的生物学意义的关键。同性恋终究是一种性结合形式，是维系个体之间关系的手段，在这一点上与异性恋行为大致相同。同性恋倾向可能有遗传基础，而同性恋基因由于可以给携带者带来好处，可能在早期采猎社会便流传开了。这让我们触及到问题的核心，大多数人都有这样的困惑，那就是怎么可能把同性恋视为"自然的"行为。

同性恋者没有子女，那么同性恋的遗传基因又是如何在人群中流传的呢？一种回答是他们的近亲由于他们的存在而生育更多的子女。原始社会的同性恋者会在捕猎采集或家务劳动方面帮助同性。由于他们无需尽父母义务，就有可能成为近亲的得力助手。他们很可能还充当先知、巫师、艺术家、部落知识掌管人等角色。如果他们的兄弟姐妹、侄子侄女等近亲因此寿命更长，生更多的孩子，那么这些个体和同性恋者共同携带的基因将会增加，而其他基因则会减少。在这些增加的基因中必然有决定同性恋倾向的基因，因此有一小部分人最后有可能发展成同性恋。纵然同性恋者自己没有子女，他们也有可能通过旁系传递同性恋基因。这一观点可称为同性恋起源的"亲族选择假说"。

如果有证据表明同性恋倾向在某种程度上是遗传的，那么亲族选择假说就能得到有力的支持。这种遗传性的证据也确实存在。同卵双生子由同一个受精卵发育而成，因此遗传上是完全相同的。异卵双生子是由不同的受精卵发育而成的，在异性恋或同性恋行为上，同卵双生子比异卵双生子表现出更多的相似之处。L. L. 赫斯顿（L. L. Heston）和詹姆斯·希尔兹（James Shields）研究分析了一些双生子的资料，尽管这些资料只可供多数双生子分析参考，不能据此得出结论，但是对于开展进一步的研究仍然很有启发。用赫斯顿和希尔兹的话来说，有些同卵双生子"不仅都是同性恋，而且性行为方式都惊人的相似。其中有些双生子并不知道彼此是同性恋，或居所相隔甚远（有一对双生子就是如此），但他们的情况也是一样"。和其他已经确知是受到遗传影响的许多人类特征一样，同性恋的遗传倾向也不是绝对的。其表现取决于家庭环境和童年的早期性经历。遗传给个体的是一种较大的可能性，即在适合同性恋发展的条件下更容易发展成同性恋。

　　如果亲族选择假说是正确的，那么同性恋行为在采猎社会和简单农业社会中可能仍然与角色分工和帮助亲族有关。某些史前文化中的人类社会行为发生了遗传上的演变，在与此类史前文化最相似的现代文化中，同性恋行为也可能与角色分工和帮助亲族有关。这种联系似乎是存在的。有些较原始的文化存续时间很长，使得人类学家有机会去研究它们。在这些文化中，男同性恋者的穿着和举止都跟女人一样，甚至还与其他男人结婚。他们一般会成为巫师，是能影响部落重要决策的权威人物，有的也从事别的专门工作，如做媒、调解纠纷等一般由女性从事的工作，或者担任部落首领的谋士。也有女同性恋假扮男性的，但相关的记录不多。还有值得我们注意的事实：在西方工业社会里，男同性恋者在智力测验中比异性恋者的得分高，并且在社会地位上有很大上升空间。他们大多是白领，无论最初的社会经济地位如何，都倾向于从事那些直接与人打交道的工作。他们在自己选择的行业中一般都比较成功。最后一点，同性恋者虽然因性取向问题会遇上些麻烦,但他们多被认为善于处理社会关系。

上述这些事实只是提供了一些线索,按照通常的科学衡量标准,仅凭这些线索还无法得出结论,还需要大量审慎的研究工作。但是这些线索足以说明传统的犹太基督教对同性恋行为的看法是片面的,而且可能是错误的。这种宗教假说的假定条件几百年来一直不为人所知,如今可以把它们公之于众并以客观的标准对它们进行检验。亲族选择假说与现有的证据更相符,我认为这么说是完全没错的。

结合生物学和伦理学来考虑同性恋这个问题需要格外审慎。无论同性恋者的历史角色和现代角色多么有益于社会,都不宜把他们视为独立的遗传群体。如果由于同性恋行为在过去具有遗传适应性,今天就必须接受它,那就更不合逻辑、更不适宜。但是如果我们站在宗教教义的立场上,认为同性恋者在生物学上不正常,并因此而继续歧视他们,那就是可悲的。

本章的中心论题是:借助进化论的新进展可以更精确地定义人类的性行为。忽略这种推理模式,我们就无法了解人类历史中的一个重要部分,弄不清人类行为的终极意义,也不明白摆在我们面前的那些选择有什么意义。

通过教育和法律手段,每个社会都必须做出一系列有关性歧视、性行为标准和巩固家庭的选择。当政府与技术变得更为复杂和互相信赖之时,这些选择也相应地更加精确和完善。无论是以这种方式还是那种方式,无论是凭直觉还是借助于科学,人类总会仔细分析进化史,因为人性是顽固的,想要它改变必须付出代价。

　　社会从法律上所谓的两性机会平等转变成统计数据上的两性职业表现平等，或者倒退回性别歧视均要付出代价，这种代价目前没有人可以衡量。而社会决定重组以形成一个个稳定的核心家庭或者废止家庭转而建立聚居区也是要付出代价的，这种代价也是一个未知数。对于那些坚持遵循特定异性恋标准的社会而言，还要付出一笔代价，而且有些社会成员因此遭受痛苦，已然付出了代价。我们认为文化是可以加以合理设计的。我们可以采用教育、奖励和强制的方式。但是在采用这些方式的时候，我们也应考虑每种文化要付出的代价，这种代价要从以下两方面来衡量，一是训练和巩固所需的时间和精力，二是避开人类先天倾向所必须牺牲的人类幸福，而后者不是那么显而易见。

第七章
利他行为

"殉教者的鲜血是教会的种子。"3世纪神学家德尔图良（Tertullian）这句让人冷彻脊梁的格言道出了人类利他行为的根本缺陷，它暗指牺牲的目的是将一群人凌驾于另一群人之上。不图回报的慷慨之举是人类最难能可贵的行为，这种行为既微妙又难以理解，它并不普遍存在，人们会举行仪式和典礼、颁发奖章或发表热情洋溢的讲话来褒奖、弘扬这种行为。我们尊崇纯粹的利他行为并要对此表示褒奖，因而让利他行为不那么纯粹，借此鼓励人们多行利他之举。简单地说，人类利他行为的背后其实充满了哺乳动物特有的矛盾情绪。

人类对极端的舍己行为十分着迷，哺乳类动物也是如此，但是蚂蚁则不会。在第一次世界大战、第二次世界大战、朝鲜战争和越南战争中，很多人为了保护战友自己扑向手榴弹，或冒死到战场上抢救战友，或做出其他不寻常的决定，最终牺牲了自己的生命，有许多国会荣誉勋章是颁发给这些人的。这些无私的自我牺牲是极为勇敢的行为，理应得到国家的最高荣誉。但是这仍然让人大惑不解。这些人在铤而走险之时脑子里想的是什么呢？詹姆斯·琼斯（James Jones）在《第二次世界大战》（WWII）中写道：

> 在这种情况下，个人的虚荣心和自豪感常常是重要因素。战争带来的无比亢奋常会使人心甘情愿去死，如果没有这种亢奋，人们可能会畏缩不前。但是到了最后关头，死亡就近在咫尺，你也许会生出一种为国家、社会甚至是民族牺牲自己的受虐冲动，这是一种类似性快感的极度喜悦，支撑你走完最后那几步。这是一次豁出一切的终极豪赌。

理性与激情这种致命的结合在很多有关战争场面的第一手资料中均有描述，这只是一种极端的现象，除此之外尚有无数程度较轻微的勇气与慷慨冲动把社会凝聚在一起。人们往往不愿深究利他行为，只是将利他行为中最纯粹的部分看做是人性中美好的一面。如果要对这个问题做一个最佳诠释，我们可以说有意识的利他行为也许是人区别于动物的卓越品质。但是科学家们喜欢刨根问底，正是通过深入研究利他行为，社会生物学才在此刻准备好提出一个全新的阐释。

我不知道如果按照人类社会的标准，是否有像鹰和狮子这类较高等的动物可以获得国会荣誉勋章。但是动物们细微的利他行为还是很常见的，其表现形式也很容易让人类理解，它们利他行为的受益者不光是它们自己的后代，还有相同物种的其他个体。知更鸟、画眉、山雀等小型鸟类发现有鹰靠近时就会对其他鸟发出警告。它们会蹲伏下来，发出特别尖细的啼声。虽然这种警告声的特殊听觉效果使其发声方位不易辨别，但是发出啼声本身就是无私的行为，对于发出警告声的鸟来说，当然是一声不响更明智，这样就不会暴露自己。

除了人以外，黑猩猩可能是最有利他精神的哺乳动物了。它们除了合作狩猎、共享猎物之外，还会收养失去父母的猩猩幼崽。珍·古道尔在坦桑尼亚的贡贝河国家公园（Gombe Stream National Park）观察到三个案例，失去父母的黑猩猩幼崽都是由成年的哥哥姐姐抚养。有此种利他行为的是与这些幼崽血缘关系最近的亲属，而不是已育有幼崽的母猩猩，按理来说，后者能够给已成孤儿的猩猩幼崽喂奶，也能提供更好的社会保护。这一点很有意思，理论上的原因将留待以后探讨。

在脊椎动物中，这种例子为数众多；但只有在低等动物中，特别是群居的昆虫中，我们才能看到可与人类相比的自我牺牲行为。蚂蚁、蜜蜂和黄蜂为了保卫它们的巢穴，随时准备不顾一切地与入侵者作战。因此人们看到蜜蜂蜂巢和黄蜂蜂巢时总是绕道而行，不过在汗蜂、泥蜂等独居昆虫的巢穴附近，尽可以放心大胆地走动。

若有人靠近热带群居无刺蜂的巢穴，蜂群便会飞到人的头上并用嘴死死咬住人的头发不放。由于咬得太紧，要将它们从头发上清除必会使它们身首异处。有些蜂种在玩命攻击时还会在人的皮肤上喷出一种火辣辣的分泌物。巴西人把它们叫做 cagafogo，意为"喷火蜂"。伟大的昆虫学家威廉·莫顿·惠勒（William Morton Wheeler）描述过他遭遇"可怕蜂群"的经历，当时蜂群把他脸上的皮肤扯下来好几块，这是他一生中最倒霉的经历。

工蜂身上的刺有像钓鱼钩一样的倒钩。当蜜蜂向入侵者发动攻击时，会把刺刺进入侵者的皮肤，飞离时仍留在皮肤里的刺会把蜜蜂身体里的整个毒液腺和许多内脏一并拉出来，蜜蜂因此会马上死去。但是如果蜜蜂能把刺完整拔出，它的攻击就不会那么有效了，因为毒液腺会持续让毒液进入伤口，刺的根部所散发出来的香蕉味又会把蜂巢里的同伴引过来继续对同一个地方发起自杀性的攻击。从整个蜂群的角度来看，个体的自我牺牲得大于失。蜂群中的工蜂有 2 万到 8 万只，它们都是蜂后所生的雌蜂。蜜蜂的自然寿命大约只有 50 天，过了这个期限就会寿终正寝。因此，舍命只是一件小事，不会有什么基因上的损失。

我最喜欢拿出来讲的社会性昆虫的例子就是非洲白蚁，它们有一个夸张的学名叫 Globitermes sulfureus。这种白蚁中的兵蚁简直就是活体炸弹，它们体内有一对硕大的腺体从头部一直向后延伸至大部分身体。当它们攻击蚂蚁或其他敌人时，会从口中喷射出一种黄色的腺体分泌物，分泌物遇到空气会凝结，常常会把兵蚁和对手一起黏住，双方都必死无疑。兵蚁似乎是通过收缩腹壁肌肉把分泌物喷射出去的。有时候收缩过于剧烈，竟使腹部和腺体一齐爆裂，而防卫用的分泌物便会四处飞溅。

人类和昆虫都能够做出极端的自我牺牲，这并不意味着人的心灵和昆虫的"心灵"（如果有的话）相似，但是这确实说明没有必要把这种冲动上升到神圣或至高无上的高度，我们有理由去找寻更通俗的生物学解释。谈到生物学解释，立马就出现一个基本问题：那些舍身的英雄们并未留下后代。如果自我牺牲的结果是后代减少，那么可以预见造就英雄的基因将从人群中逐渐消失。对达尔文自然选择理论的一种狭隘解释也许能预测这样的结果：因为带有自私基因的人肯定比带有利他基因的人多，自私基因会在一代又一代人里流传并增加，群体中的利他行为会变得越来越少。

既然如此，利他精神是如何存续至今的呢？对于群居昆虫来说，这根本不是问题。自然选择的范围已经扩大，连亲族选择也包括在内了。牺牲自己的兵蚁保护了蚁群中的其他同胞，包括它的父母蚁王和蚁后。这样，兵蚁还有更多有生育能力的兄弟姐妹繁衍出来，兵蚁的利他基因也会在为数众多的侄甥身上传递下去。

那么我们自然要问，人类是否也能通过亲族选择使利他精神进化？换言之，我们感觉到的冲动，那种在少数人身上达到顶点而使其甘愿自我牺牲的冲动，难道是经过几百几千代人通过亲族关系遗传给我们的吗？在人类历史的大多数时间里，主要的社会单位是直系家庭和近亲网络，这种情况多少可以支持上述解释。具有高级智能的人类把亲属关系理得一清二楚，亲属之间有很强的凝聚力，这也许能说明为什么人类的亲族选择比猴子和其他哺乳动物的亲族选择更强大。

可以预料许多社会科学家和其他人会对此提出异议，因此现在我得说，利他行为的表现形式和强度在很大程度上是由文化决定的。很明显，人类社会的进化更多的是文化进化，而不是遗传进化。我认为，利他行为背后的情绪在几乎所有人类社会中都有强烈的表现，这种情绪是通过基因进化的。社会生物学假说并没有说明诸社会之间的差异，但它可以解释为什么人类有别于其他哺乳动物，为什么从狭义的方面看人类与社会性昆虫更相似。

大多数形式的人类利他行为说到底都带有自利的性质，因此人类利他行为的进化理论也变得更加复杂。我们所确认的各种利他行为中，没有一种是明显、彻底的自我毁灭行为。因最崇高的英雄行为而牺牲性命需要巨大的回报，而不仅仅是永垂不朽的信念。当诗人说快乐地迎接死亡时，他们指的根本不是去死，而是羽化登仙或涅槃，他们回到了叶芝（Yeats）所谓"虚伪的永恒"中。在《天路历程》（*Pilgrim's Progress*）将近结尾之处，描写了卫真（Valiant-for-Truth）先生弥留之际的情形：

> 然后他说："我就要去会我的父辈们了，虽然我历尽艰辛才来到这里，但我一点也不后悔。我把我的剑赠给愿替我走完天路旅程的人，我把我的勇气和智慧留给能够接受它们的人。我的满身伤痕将随我而去，作为我已经为天父英勇奋斗的见证，他将因此而褒奖我。"

接着卫真先生说出了他的临终之言:"坟墓啊,你何曾胜利?"然后便撒手人寰,这时他的朋友们听到那一边有号角声为他响起。

同情是有选择性的,而且常常以利己为终极目的。印度教允许人们竟尽全力为自己和近亲着想,但并不鼓励人们同情毫不相干的人,特别是贱民。尼班佛教的宗旨是通过利他行为来保全自身。信徒慷慨行善,用善行来抵消恶行,为过上更好的个人生活积德。信奉佛教和基督教的国家都提倡要怜悯众生,但是也会为私利进行征战,其中很多战争都是以宗教的名义发动的。

同情是易变的,尤其会随着政治局面而变化,也就是说,同情是符合自己、家庭和当时同盟的最高利益的。巴勒斯坦难民得到了全世界的同情,并且因阿拉伯国家之间的不和而受惠。但是几乎没有人提起被侯赛因国王(King Hussein)杀害的阿拉伯人,或生活在阿拉伯国家的那些比约旦河西岸流离失所的难民更没有人权、物质条件更差的人们。1971年,孟加拉国打响独立战争,巴基斯坦总统派出旁遮普军队进行镇压,最后有100万孟加拉人丧生,另有980万孟加拉人流离失所。在这场战争中,被屠杀或驱逐的穆斯林人数超过了叙利亚和约旦两国的人口总和。然而没有一个保守或激进的阿拉伯国家支持孟加拉为独立而战。大多数阿拉伯国家公然抨击孟加拉人,同时宣称与西巴基斯坦站在一起拥护伊斯兰团结。

要了解这种奇异的选择性并解开人类利他行为之谜,我们必须分清合作行为的两种基本形式。利他冲动可能是非理性、单方面的，施予者并不期望得到相当的回报，也没有任何潜意识的举动让接受者回报。我把这种行为叫做"无条件"利他行为，相对而言，此类行为在童年期以后不太受社会奖惩的影响。倘若这种行为确实存在，则它的进化可能是通过亲族选择，或通过相互竞争的家庭或部落的自然选择。我们可以认为，无条件利他行为是服务于近亲的，亲属关系变得疏远时无条件利他行为的频率和强度也会急剧下降。相比之下，"有条件"利他行为的最终目的则是利己。"利他者"期望社会对自己或自己的近亲施以回报，他做好事是经过盘算的，通常完全是有意为之，他精心安排自己的一举一动，使其符合社会复杂的规定和要求。有条件利他行为可能主要是通过个体选择而进化的，并且深受变幻莫测的文化进化的影响。它的心理工具是撒谎、装腔作势和欺骗，其中还包括自欺，因为演员只有相信自己的表演是真实的，才最能让别人信服。

那么，无条件利他行为与有条件利他行为的相对数量必然成为社会理论中的一个重要问题。就蜜蜂和白蚁而言，这个问题已经解决了：亲族选择高于一切，利他行为几乎都是无条件的。社会性昆虫里面没有伪君子。这种趋势在高级动物中也颇为普遍。在猴群和猿群中确实存在互相报答的情况，但比较少见。雄狮狮争夺支配权时偶尔会互相求援。一只雄狮狮站在敌我两方之间，它一边不停威胁敌方，一边在敌友双方之间瞟来瞟去。以这种方式结盟的狮狮在争夺发情的雌狒狒时能够把各自为战的雄狒狒赶出局。尽管这些做法的好处很明显,但是在狒狒和其他智慧生物中这种结盟的情况非常罕见。

但是人类的有条件利他行为发展到了极致。关系疏远或没有关系的人们互相回报是人类社会的关键所在。完善的社会契约已经打破了刻板的亲族选择施加在古老脊椎动物身上的限制。通过相互回报的传统,再加上灵活多变、具有创造力的语言和用文字分门别类的才能,人类制订了社会契约,这些契约为人牢记,并在此基础上建立起文化和文明。

但是问题依然存在:这些契约形成了上层建筑,在它之下是否存在着无条件利他行为的基础呢?这个问题让人想起休谟那个惊人的猜想:理智是感情的奴隶。因此我们要问,制订这些契约的生物学目的是什么?袒护自己人的作风有多顽固?

弄清这个问题很重要,因为以亲族选择为基础的纯粹无条件利他行为是与文明为敌的。如果人类偏袒自己的亲人和部落在很大程度上归咎于先天的学习规则和定向的感情发展,那么世界和谐是遥不可及了。国际性的合作到了一定程度便会因战乱和经济纠纷而崩溃,之前基于纯粹理智的上升发展也全被抵消。鲜血和领土是左右人们行动的感情,而理智又为感情所奴役。想想看,天才们已经发现并充分解释了非理性的进化,但仍要为生物目的而效命,这会是什么样的情形!

我个人对人类行为中无条件和有条件利他行为所占相对

比例的估计是很乐观的。人类似乎是非常自私又精于算计的,因而能够最大限度地维持和谐与社会稳定。这句话并不自相矛盾。如果遵从哺乳动物生物学的其他限制,真正的自私会成为更完善的社会契约的关键。

我的乐观估计基于同族意识和种族特性的相关证据。如果利他行为完全是单方面的,那么亲族和种族关系将同样顽强地维持下去。亲族和种族中的忠诚关系很难打破或无法打破,它好比一根根绳子渐渐纠结在一起,最后文化变迁在乱结中戛然而止。在这种情况下,保留大家庭和部落这样中等大小的社会单位是极为重要的。我们会看到,要做到这一点必须牺牲个人福利和民族利益。

为了更清楚地了解这个观点,让我们回顾一下进化论的基本理论。试想一下有一个自利行为谱,其中一端的行为只能让个体受益,接下来的行为的受益者依次是小家庭、大家庭(包括表亲、堂亲、祖父母和在亲族选择中起作用的其他人)、群体、部落、酋邦,而自利行为谱另一端的行为的受益者是最高级的社会政治单位。该行为谱上的哪些单位从人类社会行为先天倾向得到的益处最多?要回答这个问题,我们可以从另一个角度来看自然选择。那些任凭自然选择摆布的单位,以及那些应和环境要求而最频繁地繁殖和死亡的单位将得到其个体先天行为的保护。就鲨鱼而言,自然选择主要发生在个体层面上,所有行为都是以个体自我为中心,并且完全符合个体及其直系后代的利益。僧帽水母和其他由水母组成的单位包含极多高度协调的个体,这些物种的自然选择是在集群层面发生的。单个水母只是被压缩成明胶团状的游动孢子，在集群中无足轻重。水母集群中的成员有的缺胃，有的缺神经系统，大多数不会繁殖，几乎所有成员在身体残损后能够长出新的来。蜜蜂、白蚁和其他社会性昆虫也是以集群为中心的，只是程度上略逊于水母。

人类显然占据着这个自利行为谱两端之间的某个位置，但是到底是哪个位置呢？在我看来，有证据表明人类非常接近行为谱的一端，即使个体受益的行为。我们所处的位置和鲨鱼、自私的猴子和猿所处的位置不一样，但是在这个行为谱上，离我们更近的是它们，而不是蜜蜂。个人行为（包括表面上看来是为部落和国家奉献的利他行为）是以个人及其近亲的进化优势为导向的，这种导向有时候没有那么直接，而是非常迂回曲折。最高级的社会组织形式无论表面看起来如何，说到底都是为个人利益服务的工具。人类对近亲的利他行为似乎是真正无条件的，尽管其程度还是远远低于社会性昆虫和集群无脊椎动物。人类的其他利他行为基本上都是有条件的。可以预见的结果是，矛盾情绪、欺骗和内疚会一齐折磨着人心。

生物学家罗伯特·L·特里弗斯（Robert L. Trivers）和社会心理学家唐纳德·T·坎贝尔（Donald T. Compbell）也各自得出了相同的结论，坎贝尔没有用很专业的术语来表述他得出的结论，他再次激发了人们研究人类利他行为和道德行为的兴趣。在研究了大量社会学方面的资料后，米尔顿·M·戈登（Milton M. Gordon）总结出一条："保卫种族荣誉或利益的人就是保卫自己的人。"

在面对各种压力的情况下，种族群体的行为最能说明自我利益高于种族利益。举例来说，西班牙系犹太人从牙买加移民到英国或美国，根据自身情况，有的加入当地的犹太人社会，仍然是彻头彻尾的犹太人，有的则迅速抛弃了犹太种族纽带，与非犹太人结婚，并融入当地文化。在圣胡安和纽约之间来回移居的波多黎各人表现得更加灵活。波多黎各黑人在波多黎各时扮演黑人少数民族中的一员，在纽约则扮演波多黎各少数民族中的一员。如果有机会在纽约利用平权法案，他们也许就会强调自己是黑皮肤。但是私下和白人打交道时，他们可能会利用西班牙语和拉丁文化来极力淡化别人对他们肤色的印象。和西班牙系犹太人一样，很多受过良好教育的波多黎各人都割断了种族联系，迅速融入美洲的大陆文化中。

哈佛大学的奥兰多·帕特森（Orlando Patterso）指出，如果正确分析这类发生在民族熔炉里的行为，我们就可以对人性本身有一个全盘了解。加勒比华人可以作为一个种族团体的例子，他们的历史很像一个对比实验。仔细考察他们的经历，我们可以辨别出影响种族忠诚的一些重要文化变量。当华人移民在19世纪晚期抵牙买加之时，他们有大好机会占领和主导零售市场，因为那是一段经济真空地带，黑人农民仍然过着农奴时代的乡野种植生活，而白人和犹太人形成了一个上层阶级，不屑于从事零售业。那些混血有色人种原本可以填补这个空白，但是他们没有，因为他们一心模仿白人，渴望进入白人的社会经济阶层。华人当时是一个很小的少数民族，所占人口比例不足 1%，但是他们却有办法接手整个零售业，并极大地改善了自己的命运。他们能做到这一点是因为他们一方面专门从事零售业，另一方面以民族忠诚和限婚习俗来巩固自己的地位。他们的种族意识和蓄意的文化排外是为个人利益服务的。

20 世纪 50 年代，社会环境发生了巨大变化，华人的种族精神特质也随之发生了变化。牙买加独立后，新的统治精英分子包含各个种族的人，他们坚决推行全国性、综合性的克里奥耳（Creole）文化。此时对华人来说最有好处的事就是跻身精英阶层，而且他们很快就做到了。在 15 年内，他们变得不再是一个独立的文化集团。他们改变了经营方式，从主要从事批发业转为建设和经营超级市场与购物广场。他们接受了中产阶级的生活方式和克里奥尔文化，同时也把传统的大家庭转变为核心家庭。在整个转变过程中，他们仍然保持着种族意识，但那已不再是遗传的指令，而是一种经济策略。当时最成功的家庭通常都是最坚守同族通婚习俗的家庭，女性是交换、巩固财富的手段，并通过她们把财富保存在小家庭中。因为同族通婚习俗并不妨碍牙买加华人融入克里奥耳文化，所以他们保留了这一习俗。

圭亚那是南美洲北部的一个沿海小国，旧称英属圭亚那。尽管圭亚那华人移民与牙买加华人移民有着相同的背景，但他们所面临的挑战全然不同。他们和牙买加华人来自中国同一个地方，并且大部分是由同一个代理机构带他们来到殖民地。但是，当时已有另一个种族集团占领了英属圭亚那城镇的零售业，那就是早在 19 世纪 40 年代至 50 年代就抵达此处的葡萄牙人，而且白人统治阶层也更加青睐在种族和文化上与自己比较接近的葡萄牙人。有些华人也挤进了零售业，但是他们在这个行业一直没有取得太大的成功。还有些华人被迫进入别的行业，包括进入政府部门工作。种族意识在这些行业中无法发挥作用，因为这些行业不像零售业那样可以通过种族排外来最大限度地赚取利润。所以英属圭亚那的华人迫切想要融入克里奥耳文化中。1915 年，一位名叫赛西尔·克莱门蒂（Cecil Clementi）的敏锐观察者报导称："英属圭亚那有一个华人社会，但中国对它一无所知，它的心目中也几乎没有中国。"但是他们的成功足以补偿他们所作出的牺牲。尽管华人只占圭亚那总人口的 0.6%，但是他们是中产阶级中极有势力的成员，他们中还出了一位了不起的人物，那就是共和国首任总统钟亚瑟。

　　帕特森根据自己对加勒比所做的研究以及其他社会学家所做的相似研究，得出了以下三个有关忠诚和利他行为的结论：（1）当历史条件使种族、阶级和民族成员的利益发生冲突时，个人会力图将冲突最小化。（2）个人总是尽可能使自己的利益凌驾于所有其他人的利益之上。（3）虽然种族和民族利益可能暂时占上风，但是从长远来看，个人仍以自身社会经济等级为首要。

　　个人的种族认同感的强度和范围取决于他所在社会经济等级的普遍利益，服务的对象首先是他自己的利益，其次是他所处的阶级，最后才是他所属的种族群体。政治学有一条著名的"迪勒克托定律【Director's Law，由美国经济学家阿隆·迪勒克托（Aaron Director）提出而得名。他指出大部分公共项目的主要得利者是中产阶级，而其主要资金来源是上层阶层和下层阶层所交的税——译者注】"，该定律指出社会收入的分配有利于控制政府的阶级。在美国，这个阶级当然是中产阶级。需进一步指明的是，从企业到教会，各种机构的发展之道需符合机构控制者的最高利益。如果放在生物学的框架里来看，人类的利他行为是有条件的。如果要找出利他行为的无条件因素，就必须仔细研究个人，而且观察的范围不要超出他的子女和少数其他关系最近的亲属。

然而人类的一切利他行为都受到强大的情绪控制力的影响，人们本能地期望利他行为是无条件的。这是一个值得注意的事实。在回报他人善行的过程中，人们表现出的道德攻击最为激烈。骗子、背信弃义者和叛徒是人人憎恶的对象。人们用最强硬的规范来强调荣誉和忠诚的重要性。很有可能是学习规则在固有的基本强化手段基础上，引导人类建立了针对自己人的特定价值观。与这些学习规则对称的是定向发展的地盘捍卫行为和仇外心理，两者都是针对外人的态度，都同样富于感情色彩。

我还要做进一步的猜测：利他行为的深层结构以学习规则和情绪防卫为基础，是一种固定而又普遍的存在。这种深层结构产生出一系列可以预测的群体反应，伯纳德·贝雷尔森（Bernard Berelson）、罗伯特·A·莱文（Robert A.

LeVine）、内森·格莱泽尔（Nathan Glazer）和其他社会学家所著的一些较为专业的著作对这些群体反应做了总结。其中一种总结是：群体内部越无能，就越要以群体自恋作为补偿。另一种总结是：群体越大，个体融入群体时所获得的自恋满足感就越弱，集团内部的关系也越不紧密，个体也越有可能融入群体内部更小的群体。还有一个总结是：如果已有若干子群体存在，则当它们所占据的区域归属于一个国家时，其内部会显得步调一致，但当区域独立后，便难以维持这种状态。随着政治疆域的缩小，该地区大多数居民对群体的认同感也会减弱。

总而言之，有条件利他行为以感情强烈和忠诚度不高为特点。人类的荣誉准则是始终如一的，至于这些准则该施于何人，则是变化无常的。人类交际的高明之处在于人们之间关系的形成、破裂及重建都是那么随心所欲，而且对于他们信以为绝对的规则有强烈的感情色彩。似乎从冰河时代直到今天，区分内群和外群一直是件重要的事情，但是分界线的精确位置总是随意来回移动。职业体育运动之所以欣欣向荣，就是因为有这种基本现象持续存在着。观众观看一个小时左右的赛事，就好比看两个部落之间发生的原始肉搏。运动员来自四面八方，几乎每年都会被当成商品转卖来转卖去。运动队也是从一个城市卖到另一个城市。但这倒没什么紧要。体育迷们会将自己青睐的队伍视为内群，并推崇它们的团队合作、勇敢和牺牲精神，还会和它们共享胜利的喜悦。

国家的游戏规则也是一样。过去30年里，地缘政治格局已从轴心国与同盟国的对抗转变为共产主义与自由世界的对抗，然后又转变成大经济共同体之间的对立。联合国既是人们发表理想主义宏论的讲坛，又是一个瞬息万变的万花筒，从中可以看到各国以各自利益为基础而结成的联盟在不断变化。

　　同样使人心迷惑不已的还有错综复杂的宗教之争。有些阿拉伯极端分子认为与以色列斗争是捍卫伊斯兰教神圣理想的圣战。基督教福音传教士与上帝、天使结成联盟以对抗群魔，并准备迎接基督在世界末日前的再度降临。埃尔德里奇·克利弗（Eldridge Cleaver）和查尔斯·科尔森（Charles Colson）的经历给我们很多启发，前者一度是个革命派，后者曾经是个特工，他们后来都抛弃了原有的认识框架，在古老的宗教战场上站在了基督这一边。这些事情的内容无足轻重，形式才是至关重要的。

　　精神上的关注常在所关注对象形将破灭之时发生，这是人性中非常奇异的一点。人们一边投入大量精力处理人际关系，一边又抓住同样耗费精力的其他机会不放。如果利他冲动确实这么强烈，我们就该庆幸大多数利他行为都是有条件的。如果利他行为是无条件的，那么历史就会上演一幕幕任人唯亲和种族歧视的剧情，与膜翅目昆虫的世界无异。人类的前景也会变得黯淡无光，岌岌可危。人类可能会为了自己的亲人不顾一切地牺牲自己。好在实情并非如此，我们有履行社会契约的能力，但这种能力有缺陷，带有哺乳动物的局限性。我们还有持久、乐观的犬儒精神。就凭这些，理智的人就能有了不起的成就。

现在我们回过头说天性过度发展的问题，即人类天性经过文化教养而变得过度膨胀。马尔科姆·马格里奇（Malcolm Muggeridge）曾经问我，特蕾莎修女（Mother Theresa）的事又作何解释？生物学怎么解释活在我们中间的圣人？特蕾莎修女是印度天主教仁爱传教会（Missionaries of Charity）的成员，她对加尔各答的赤贫者关怀备至，她救助那些倒在路边的垂死者，捡回垃圾堆里的弃婴，悉心照料谁也不愿去碰的伤病之人。虽然德蕾莎修女享有很高的国际声誉，获得了丰厚的奖金，但是她仍然生活清贫，每日辛劳。在《为上帝做美好的事》（Something Beautiful for God）一书中，马格里奇写下了他在加尔各答近距离接触过德蕾莎修女后的感受："德蕾莎修女每天都要见到耶稣。首先是在做弥撒的时候，她从耶稣那里汲取力量；然后，在她看到和照顾的每一个苦难者的灵魂中，她又一次次与耶稣见面。不论他们是在圣坛还是在街头出现，他们都是同一个耶稣，他们是共存的。"

文化能使人的行为变得更具利他性吗？是否有什么神奇法宝或斯金纳式的方法可以创造圣人呢？答案是否定的。让我们冷静下来，回顾一下《马可福音》中耶稣说的话："你们往普天下去，传福音给万民听。信而受洗的必然得救，不信的必被定罪。"从这句话可以看到宗教利他精神的本源。各大宗教的先知大力宣扬的说辞几乎一模一样，调子都是一样的纯洁，也都具有纯粹的内群利他精神。各大宗教都力图胜过其他宗教。特蕾莎修女是个了不起的人，但是不要忘记，她是在为基督效劳，坚信她所属的教会永垂不朽。至于列宁，他所宣扬的也不过是一种乌托邦式的誓约。他斥责基督教十足卑鄙，简直就是最令人厌恶的传染病。当然，基督教神学家也多次回敬给列宁这样的"盛赞"。

亚历山大·索尔仁尼琴（Aleksandr Solzhenitsyn）在《古拉格群岛》（*The Gulag Archipelago*）中写道："如果事情都是这么简单就好了！如果有坏人在某个地方暗地里做坏事，我们只需把坏人从我们中间揪出来，然后消灭掉就行了。但是好与坏的分界线贯穿着每一个人的心。谁会愿意把自己的心切掉一块呢？"

与其说崇高道德是人类利他精神的过度发展，不如说是利他精神的僵化，它乐于遵从生物规则，而且它本应起源于生物规则。要使利他行为真正人性化，即为社会契约加入智慧和真知灼见，只有对道德做更深入的科学研究才能实现。教育心理学家劳伦斯·科尔伯格（Lawrence Kohlberg）曾经提出道德推理有六个连续阶段，他认为每个人的正常心智发展过程都要经过这些阶段。儿童先是完全依赖外部规则和控制，后来形成一套越来越复杂的内在准则，其过程如下：（1）单纯地服从规则和权威，以免受罚；（2）附和群体行为，以获得奖赏，换得好感；（3）好孩子取向，遵守好孩子的行为规范，避免别人讨厌和排斥自己；（4）职责取向，遵守自己的职责，避免受到责难，避免秩序混乱，以及由此而来的负疚感；（5）守法取向，承认契约价值，有点独断地形成一些规则来维护共同利益；（6）良心或原则取向，原则第一，如果认为法律弊多利少，则遵循自己的原则而非法律。

这些阶段是根据孩子们对一些道德问题的口头回答总结出来的。每个人的智力水平和训练程度皆不相同，因此他们可能在任一阶段停留下来。大多数人可以达到第四个阶段或第五个阶段。达到第四阶段的人大约处于狒狒和黑猩猩的道德水平上。达到第五阶段时，道德规范有一部分会以契约和立法做参照，人们形成了自己的道德观念，我相信人类社会的进化大多是以此为基础的。如果这种解释是正确的，那么个体的道德发展过程很可能已经被遗传所同化，现在是自动心智发展过程的一部分。个体在学习规则和相对稳定的情绪反应引导下，一步步达到第五阶段。有些个体在关键时刻经历了不寻常的事情，因而偏离了这个阶段。反社会的人的确是存在的。但是绝大多数人都可到达第四阶段或第五阶段，并且打算彼此之间和睦相处，早在更新世出现的采猎群就已经如此。

我们已经不再像原始人那样生活在一个个小型采猎群中，因此第六阶段几乎是完全非生物性的，也最容易过度发展。个体有自己的原则来评判群体和法律。如果规则是在情感基础上凭直觉选择的，那么它的根源是生物性的，很可能只会强化原始社会的解决办法。这样的道德是在无意识中形成的，能够为群体的神圣性、利他行为的诱劝作用以及捍卫领土赋予新的合理解释。

但是，如果原则是根据不具备什么生物性的知识和理性来选择的，那么至少在理论上这些原则与进化选择没有关系。这必然让我们回到第二个精神上的巨大困境中，它引发了一个哲学问题：具有较高道德价值的文化进化能否获得自己的发展方向和动力，并完全取代遗传进化？我认为不能。基因给文化拴着一条长长的绳索，但价值观影响着人类基因库，这种影响反过来必然也会制约价值观。大脑是进化的产物，人类行为受到情感反应的驱使和引导，和调动此类情感反应的深层能力一样，人类行为是一种迂回曲折的技巧，它使人类遗传素材留存完整至今，并将继续保持其完整性。道德没有其他可被证明的最终功能。

第八章
宗教

宗教信仰的先天倾向是人类心灵中最复杂、最强大的力量，并且很可能是人性中根深蒂固的一部分。不可知论者埃米尔·涂尔干认为宗教活动的特征是将群体尊为至上，以社会为核心。它是普遍的社会行为之一，从采猎群到社会主义共和国，每一个社会中均能发现宗教的形式。它的雏形至少可以上溯至尼安德特人（Neanderthal man）的骨祭坛和殡葬仪式。六万年前，伊拉克沙尼达（Shanidar）的尼安德特人曾用七种具有药用价值和经济价值的花卉装饰坟墓，这很可能是为了表示对萨满教巫师的崇敬。根据人类学家安东尼·F·C·华莱士（Anthony F.C. Wallace）的说法，从那时起，人类便陆续形成了十万种宗教。

怀疑宗教的人仍坚信，科学和知识终将会把宗教消灭。在他们看来，宗教只不过是幻觉。他们中最杰出的人物确信，人类可借助语言趋向性（logotaxis，自动趋向于知识和信息）向知识靠近，因而宗教组织在知识启蒙的曙光出现之前，必定会像黑暗一样不断隐退。但是，这种最初由亚里士多德

（Aristotle）和芝诺（Zeno）提出的人性观从来没有像今天这样苍白无力。如果有什么区别的话，就是人们热切地将知识用来为宗教服务。美国是历史上科学技术最发达的国家，而它在信奉宗教的排行榜上竟也名列第二，仅次于印度。根据 1977 年的一次盖洛普民意调查（Gallup poll），94% 的美国人信仰上帝或某种超人类的存在，31% 的人经历过突如其来的宗教顿悟或觉醒，感觉到神灵显现。1975 年最畅销的书是比利·格雷厄姆（Billy Graham）写的《天使：上帝的秘密信使》（*Angels: God's Secret Messengers*），该书仅精装本就销售了 81 万册。

在苏联，经历了 60 年的政权压制之后，有组织的宗教仍然欣欣向荣，甚至掀起小小的复兴浪潮。苏联的总人口为 2.5 亿，其中至少有 3000 万人是东正教信徒（是共产党员人数的两倍），500 万人是罗马天主教和路德派信徒，另有 200 万人分属各种新教教派，如浸信会、五旬节会、基督第七日再临会等。还有 2000 万—3000 万人是穆斯林，250 万人属于最具反抗性的正统犹太教徒。由此可知，制度化的苏维埃马克思主义本身也是一种宗教，不过用漂亮的装饰物掩盖得极好，它无法取代几个世纪以来众多俄罗斯人心目中的国家灵魂。

科学人文主义的情况也没有好到哪里去。奥古斯特·孔德（Auguste Comte）在 1846—1854 年间出版了《实证性政体系统》（*System of Positive Polity*）一书，他在书中论道，宗教迷信可从其根源上击垮。他建议受过教育的人去建立一种世俗宗教，它有类似于天主教的职位阶层、礼拜仪式、教规和圣礼，但却要将膜拜的对象从圣人上帝变成社会。今天，科学家和其他学者组成了诸如美国人文主义协会（American Humanist Society）、科学时代宗教研究所（Institute on Religion in an Age of Science）这样的学术团体，他们创办一些可订阅的小型杂志，组织一些活动来批判基督教原教旨主义（Christian fundamentalism）、占星术和伊曼纽尔·维利可夫斯基（Immanuel Velikovsky）。他们的抨击如同连锁炸弹，甚至得到了许多诺贝尔奖得主的赞赏，但这些炸弹却如同包壳弹穿过烟雾一般，没起什么作用。从数量上看，人文主义者远不如虔诚的信徒，也远不如追随琼·狄克逊（Jeane Dixon）但从没听说过拉尔夫·温德尔·伯霍（Ralph Wendell Burhoe）的人。人们似乎宁愿知其然却不愿知其所以然。很久以前，科学开始展示出无限希望，尼采很无奈地写道，人们宁愿以虚无为目标，也不愿处于没有目标的虚无之中。

另外有些善意的学者想为科学与宗教划分各自的领域，由此调和这两个死对头之间的关系。牛顿（Newton）认为自己不仅是个科学家，还是个历史学家，他有责任像解释真正的历史记录那样来解释《圣经》。虽然他的巨大努力使得自然科学在近代有了第一次综合，但是他认为他的成就只不过是了解超越自然现象道路上的一个中途站。他相信，上帝送了两部大作给学者们阅读，其中一本关于自然，另一本关于《圣经》。今天，我们得感谢牛顿开拓的科学在不断发展，"上帝无所不在"的领域已推进到比亚原子粒子更微观的层次，或者到了比可观察到的最遥远星系更远的地方。科学与宗教之间明显的排斥还鼓舞着另外一些哲学家和科学家创建"过程神学（process theology）"，该学说用原子结构的固有特性推导出上帝的存在。艾尔弗雷德·诺思·怀德海（Alfred North Whitehead）最先提出，上帝不应被当成是创造奇迹和掌握超自然实体的外在力量。他是永恒存在和无所不在的，他悄悄地引导分子产生原子，原子产生活生生的生物体，物质产生心灵。电子的最终产物是心灵，在了解心灵之前，我们无法确定电子的属性。过程就是现实，而现实的过程以及上帝之手会在科学的法则中显现出来。因而宗教与科学的追求具有内在的一致性，善良的科学家们可以平静地回归他们的诉求。但是，读者们马上会认识到，上述的一切与澳洲土著庆祝部族胜利的狂欢晚会以及特兰特宗教大会（Council of Trent）所显示出来的真正宗教是迥然不同的。

现在的情况与以前一样，心灵还是无法了解不可抗拒的科学唯物论与坚若磐石的宗教信仰之间的冲突有什么意义。我们尝试用分步骤的实用方法来处理问题。我们分裂成对立面的诸社会依靠知识在进步，但恰恰是受到知识侵蚀的信仰衍生出了鼓舞的力量，使社会得以支撑并延续下去。我认为，如果我们给宗教的社会生物学应有的关注，这样的矛盾至少可以用理性的方式解决，尽管不能马上解决，但最终还是会解决的，而且也会产生一些难以预料的结果。虽然宗教体验的表现形式是辉煌且多维的，而且它实在太复杂，连最优秀的心理分析师和哲学家也会茫然不知所措，但我相信各种宗教活动都可在遗传优势和进化变迁组成的两维空间中标示出来。

现在我要稍事修正一下上述说法。我承认，即使进化论原理确实包含了神学中的罗塞塔石碑（Rosetta stone，碑文用希腊文字、古埃及象形文字和通俗文字刻成的玄武岩石碑，1799年发现于尼罗河三角洲埃及北部的罗塞塔附近，它为解读古埃及象形文字提供了线索——译者注），也不能指望它能详细解释所有宗教现象。科学可以借由传统的还原法与分析法来解释宗教，但不能削弱宗教实质的重要性。

有一个历史事件可以说明宗教的社会生物学。塔斯马尼亚（Tasmania）的土著像一度与他们共同居住在原始森林的外来种袋狼一样已经灭绝。英国的殖民者只用了40年的时间就让他们绝种了（袋狼则多存活了100年，到1950年才灭绝）。从人类学的观点来看，这种突然消亡是非常不幸的，因为被称为"野人"的塔斯马尼亚人甚至没有机会向世界上的其他人描述他们的文化。世人对他们几乎一无所知，只知道他们是身材矮小、肤色棕红、头发卷曲的采猎者。根据最早遇到他们的探险者的描述，他们性情开朗而乐观。对于他们的起源，我们只能猜测，他们最有可能是澳洲土著的后裔，大约在一万年前来到塔斯马尼亚岛，然后在生物和文化方面适应了岛上凉爽而又潮湿的森林。我们现在只有几张照片和一些遗骸，甚至连他们的语言也无法重构，因为和塔斯马尼亚人见过面的欧洲人几乎都觉得不必大费周章把他们的语言记录下来。

19世纪初到达那里的英国殖民者认为塔斯马尼亚人比人

类低级,并认为他们只不过是有碍于农业和文明发展的矮小棕色生物。因此,塔斯马尼亚人遭到英国殖民者有组织的围捕,稍有抵触情绪便遭屠戮。在一次由土著居民组织的袋鼠捕猎活动中,一群男女老少仅仅因为向白人的方向奔跑便悉数死于炮火之下。大多数塔斯马尼亚人死于梅毒和其他从欧洲传过来的疾病。到了 1842 年,塔斯马尼亚人所面临的情况已无转圜余地,他们的人口已从最初的大约 5000 人骤减至不足 30 人,而剩下来的妇女已年迈不能生育,塔斯马尼亚文化已经走到绝路。

乔治·罗宾逊(George Robinson)是一位来自伦敦的传教士,也是一位著名的利他主义者。他见证了塔斯马尼亚土著最后的时光。1830 年,塔斯马尼亚人尚存数百人,罗宾逊凭一己之力开始了挽救这个种族的英雄事业。他满怀同情心地接近这些被捕来的幸存者,说服他们跟他一起走出森林,举手投降。其中有少数人在殖民者所建立的新城镇中安顿下来,在那里他们无一例外都沦为流浪者。剩下的人被罗宾逊带到塔斯马尼亚岛东北方的弗林德斯岛(Flinders Island)上的一个与世隔绝的保护区。在那里,他们吃咸牛肉,喝加糖的茶,穿欧式服装,并被教以个人卫生、钱币兑换和严格的加尔文教义。就这样,他们彻底脱离了原有的文化。

每天,这群塔斯马尼亚人都要走进小教堂聆听乔治·罗宾逊讲道。在他们文化历史的最后这个阶段,我们确实保留了一些用洋泾浜英语写下的记录:"一位上帝……土著好,土著死,到天上……坏土著死,下地狱,邪恶灵魂,火熄灭。

土著哭，哭，哭……"他们的教义问答一直重复着简单易懂的讯息：

> 不久之后，上帝会对这个世界做些什么？
> 烧掉它！
> 你喜欢恶魔吗？
> 不！
> 上帝为什么创造我们？
> 出于他自己的目的……

这群塔斯马尼亚人无法忍受这种灵魂的煎熬。他们变得郁郁寡欢，没精打采，并且不再生育子女。许多人死于流感和肺炎。最后，幸存者被移送到塔斯马尼亚大陆上靠近霍巴特（Hobart）的一个新保护区。最后一个塔斯马尼亚男性被欧洲人称为金·比利（King Billy），他于1869年去世，剩下的几位老妇也在随后几年中相继去世。人们对塔斯马尼亚人有强烈的好奇心，最终对他们满怀敬意。在这段时期内，乔治·罗宾逊本人倒是生育了不少子女。他毕生致力于拯救塔斯马尼亚人，不让他们灭绝。他好意地用更文明的宗教征服取代杀戮。刻板的生物学规则在无意识中支配着罗宾逊的行动，如果以这些规则来衡量，还不能说他是失败的。

人类学和历史学变得越来越复杂，与此同时也在不断支持马克斯·韦伯（Max Werber）的下述结论：较不成熟的宗教是为了长生不死、土地肥沃和食物充裕、避免天灾人祸、征服敌人等纯粹世俗的目的而寻求超自然力量的庇佑。较高级宗教进化过程中的派别之争也体现了文化上的达尔文进化论。能够赢得追随者的宗教派别便得以发展，不能赢得追随者的宗教派别则会消亡。结果，宗教便和人类其他机构一样，它的发展之道也是以利益相关者的福祉为导向的。这种利益的获得者是整个群体，要获得利益一部分靠利他主义，一部分靠剥削，总有一部分人的受益是以其他人的牺牲为代价的。还有一种情况是群体所有成员普遍提高了适应性，因而产生了利益。从社会角度来看，这导致了更加压迫的宗教和更加仁慈的宗教之间的区别。所有宗教可能都具有某种程度的压迫性，当它们有酋邦和国家撑腰时更是如此。生态学有一个被称作"高斯法则"（Gause's law）的原理，它指出：有相同需求的物种之间的竞争最为激烈。同样的，宗教难能表现的利他主义形式是对其他宗教的宽容。每当不同的社会之间发生摩擦时，各宗教之间的敌对便加剧，因为宗教极有助于达成战争和经济剥削等目的。征服者的宗教成了一把利剑，而被征服者的宗教则是一面盾牌。

　　宗教对人类社会生物学构成了最大的挑战，同时也赐予这门崭新理论学科得以发展的大好良机。如果心灵在某种程度上受到康德所谓"律令"的引导，那么就更有可能在宗教体验而不是在理性思维中找到这些律令。就算宗教发展过程有唯物论的基础，并且用常规科学便可以解释，但基于以下两方面原因，宗教仍然很难解释。

　　第一个原因是，宗教是人类所独有的几大类行为中的一种。从现有的人口生物学和对低级动物的实验研究中所推导出来的行为进化原理都不能直接用来解释宗教。

第二个原因是，关键的学习规则及其终极的遗传动机可能隐藏在意识之外，因为宗教首先要经过一个过程，即说服个体以群体利益为重，将一己私利放在其次。信徒们需要为了自己遗传方面的长远利益而作出生理上的短暂牺牲。巫师和祭司的自欺完善了他们的表演，也增强了他们欺骗信徒的效果。在荒诞的氛围中，宣传和鼓吹却是再清晰不过了。各种决定是自动且迅速做出的，没有经过理性的计算，群体并不需要这样的计算来每日考量他们的整体遗传适应性，并借此了解每一个行动适宜的服从与热情程度。人类需要简单的规则来解决复杂的问题，他们总是拒绝分析日常生活中无意识的规程与决定。欧内斯特·琼斯（Ernest Jones）在他的精神分析理论中对这一原理做过这样的表述："如果一个人将某种特定的（心智）过程视为理所当然，认为无需探索其根源，并且反对探索其根源，那么我们有理由怀疑他根本不清楚真正的根源，而且几乎可以断定这根源的性质令他生厌。"、

通过考察三个连续层次上的自然选择，便能探究出宗教信仰的深层结构。表层上的选择是教会的选择，宗教领袖选择宗教仪式和教规，其目的是在当代社会条件下发挥他们的影响力。教会的选择可能是稳定的教条式选择，也可能是动态的福音式选择。在这两种情况下，其结果都能在文化中传递下去。因此，各个社会宗教活动的种种变化是基于学习，而非基因。第二个层次上的选择是生态学的选择。无论教会

的选择何等准确地体现了忠诚的情感，无论受到推崇的教规有多么容易习得，宗教活动最终仍要符合环境的要求。如果宗教使社会无力应战，怂恿破坏环境，提早结束人的生命，或者干预生育活动，那么无论该宗教在短期内获得多少利益，它已经走在了败亡的路上。在最后一个层次上，基因频率在文化进化和人口波动这些复杂的循环当中不断变化。

我们看到的假设是这样的：某些基因频率的变化是与教会的选择相一致的。人类基因决定了人体的神经、感觉和内分泌系统的功能，因而几乎肯定会影响学习过程。这一点以后还要谈到。基因制约着某些行为的成熟过程以及其他行为的学习规则。乱伦禁忌、一般禁忌、仇外心理、神圣与世俗的二分法、自尊自大、等级统治制度、敬畏领袖、膜拜领袖的超凡能力、求胜炫耀、走火入魔式的入教仪式都是最有可能受到行为发展程序和学习规则制约的宗教行为。以上种种行为都是为了圈定一个社会群体，并以绝对的忠诚让群体成员生死与共。我们这个假设需要具有生理学基础的限制条件存在，而这种生理学基础本身也有遗传根源。这意味着教会的选择受到一连串事件的影响，这些事件源于生理学中的基因，会对个人后天学习活动产生制约。

根据上述假设，教会选择、生态选择、遗传选择这三种不同类型的选择会使基因频率在多个世代发生相应的变化。那些不断提高信徒生存能力与生育能力的宗教活动将会把有助于人们习得这些活动的生理控制能力遗传下来。能传递这种控制能力的基因也会容易保存下来。因为在个人的成长过程中，宗教活动与基因不甚相关，所以在文化进化过程中各种宗教活动之间可能有很大差别。像震颤派教徒（Shakers，1747年起源于英格兰基督教组织中的成员，过着公社式的生活并信奉独身——译者注）这样的宗教群体甚至有可能采用一些使一代人或几代人遗传适应性降低的教规。但是经过许多代之后，使适应性降低的基因会付出代价，其整体数量会下降。有些生理机制会抵制文化进化导致的适应性下降，而控制该生理机制的基因将占优势，超乎常理的宗教活动也将会消失。这样，文化无情地考验着起支配作用的基因，但它能做到的也只是以一组基因取代另一组基因。

如果我们在生态学和遗传学层次上考察宗教的影响力，那么基因和文化之间相互作用的假设便能得到确证或者反证。就目前来看，生态学层次的考察更为可行。我们有必要问几个问题：每一种宗教活动对个体或部落的福祉有什么影响？宗教活动的历史起源和发生背景是怎样的？倘若宗教代表着一种必然的反应，或者在多个世代均提高了社会的效率，那么这种相互关系就符合上述相互作用假设。倘若事实和我们所预期的并不相符，宗教甚至无法用一种相对简单而合理的方式与生产适应性联系起来，那么以上假设就很难成立。最后，必须证明发展心理学所指的遗传对学习的先天性制约与宗教行为的主流相吻合，如果不能证明，那上述假设也值得怀疑，而且我们可以合理认定：在这种情况下，文化进化在模仿从理论上预测的遗传进化。

为了研究众多相关论题，必须扩充宗教行为的定义，使其包含巫术、神圣的部落仪式以及根据神话建立起来的较复杂的信仰。我相信，就算我们扩充了宗教行为的定义，所获得的证据仍会支持基因与文化相互作用的假设，宗教历史事件也鲜有与该假设相抵触者。

现在来说说宗教仪式。有些社会科学家受到洛伦茨和廷伯根早期生态学的启发，将人类礼仪与动物交往中的炫耀行为做了类比。这种比较实在太不严密。绝大多数动物的炫耀行为都是一些互不关联的信号，所能传达的意义也很有限，它们大致相当于人类非语言交流中的手势、表情和自然发音。像鸟类最复杂的求爱形式、配偶关系建立方式等少数动物炫耀行为实在是繁复，因此有时会被动物学家称为仪式。但是，这般的比较也并不确切。绝大多数人类宗教仪式不仅仅是直观的信号。如同涂尔干所强调的，宗教仪式不仅展示了宗教团体的道德价值，还肯定此道德价值，并为其注入活力。

神圣的宗教仪式绝对是人类特有的，其基本形式与意图积极操纵自然与神明的巫术有关。西欧上旧石器时代的洞窟艺术表明当时人们对猎物特别地关注。许多画面上都有刺入猎物身体的矛和箭。还有一些画描绘了人们装扮成动物跳舞或在动物面前垂首站立。这或许是一种交感巫术，其根源是这样一种观念：对一想象物所做的事情会转移到实物上去。这种期待性的行为可与动物有目的的行动相比较，动物的这种行动在进化过程中常被仪式化，变成交流信号。蜜蜂的摇摆舞实际上是从蜂巢到觅食地的小型试飞。这种8字型舞中间的"直跑"在方向和持续时间上有细微变化，蜜蜂正是用这些变化来告诉同伴们实际飞行中各种参数的大小。原始人也许已轻而易举地理解了动物这些复杂行为的含义。过去施行巫术的是专门的人员（在某些社会中至今依然如此），他们被称为巫师、术士或巫医。人们相信只有他们才具有和超自然力量打交道的神秘知识和能力，也因为如此，他们的影响力有时会超过部落首领。

人类学家罗伊·A·拉帕波特（Roy A. Rappaport）最近就此主题作了一个批判性的评论，他认为神圣的宗教仪式以一种明显在生物学上有优势的方式推动并展现了原始社会。透过各种仪式，我们可以了解部落和家庭的实力与财富。在新几内亚的马林人（Maring）中，没有哪位首领或其他头领在战时命令别人效忠。他们的方式是让一群人跳仪式性的舞蹈，一个人是否愿意参加战斗就看他是否加入舞蹈队伍。因此数一数舞蹈队伍中的人数便可精确得知一个联盟的实力。在更高级的社会中，以国家宗教的各种装备和仪式包装的阅兵式目的也是一模一样。北美洲西北海岸的印第安人举行的冬季赠礼节（potlatch）仪式很有名，在仪式上，个人通过发放礼物来显示自己的财富，礼物越多则越显得自己财大气粗。首领们借此调动家族成员的积极性，让他们生产更多的产品，扩大家族的势力。

宗教仪式还可以调节一些关系，这些关系如果得不到调节便会模棱两可或极度含糊。成人礼便是一个很好的例子。一个男孩的成熟过程，是逐渐在生理和心理上从男孩向男人过渡的过程。某些时候，像成年人那样处事方式更为合宜，但他却偏偏显得孩子气；有时候情况又正相反。社会难于将他归为成人或者孩子。成人礼可消除这种模棱两可，它专横地将从男孩变成男人的渐进过程斩为两段。成人礼也有助于加强年轻人与接纳他的成人群体之间的联系。

人类心智倾向于用二分法来解决问题，巫术中同样也有这种倾向。罗伯特·A·莱文（Robert A. LeVine）、基思·托马斯（Keith Thomas）、莫尼卡·威尔逊（Monica Wilson）等社会科学家凭他们卓越的才能重建了巫术成因的心理学理论。他们的研究表明，巫术的直接动机有一部分是情绪性的，一部分是理性的。在各个社会中，巫师专事治疗或施恶咒。只要他们的作用未引起置疑，他们及他们的亲族就会享受特权。如果他们的行为是善意的，而且通过仪式得到众人认可，那么这些行为就有助于社会的稳定与团结。由此可见，制度化的巫术所具有的生物学优势是不言而喻的。

与巫术活动相对立的猎巫（witchhunt）是一个更加令人迷惑的现象，同时它也对我们的理论研究提出了非常有趣的挑战。为什么时时有人宣称自己被施了妖术或他们的社会被妖术所困，因而搜寻身边邪恶的超自然力量？驱魔术与宗教法庭是与巫术同样复杂和有影响力的现象，即便如此，仍可证明两者的动机源于个体的自我追寻。多铎王朝和斯图亚特王朝时代的英国猎巫之风盛行，这是一个有案可查的好例子。在这个时期（1560—1860年）以前，天主教会已为人们提供了一套严密的宗教仪式预防措施体系，用以对抗妖魔鬼怪和邪恶咒语。实际上教会也是在施行巫术，只不过这巫术有正面意义。然而欧洲的宗教改革运动使这种心理保护失去了效用。新教教士们一方面斥责旧教的作为，另一方面却再次肯定了邪恶巫术的存在。那些宣称被施了巫术的人没有与之相抗衡的宗教仪式，便转而把矛头指向那些可疑的巫师，并公开指控他们，处心积虑地要置他们于死地。

仔细研究法庭的记录便可发现这类迫害的背后可能还有更深刻的动机。一个典型的案例是，指控者曾经拒绝乞食或乞求其他帮助的穷妇人，后来他自己遭逢诸如农作物歉收、家人亡故这样的变故。指控者把责任归咎于那个穷妇人，由此达到两个目的。首先，他对他自己深信不疑的祸根直接采取行动，他的行动遵循着这样一种逻辑，即该等干扰行为与巫师有关。第二个动机更为微妙，也更不容易证明。托马斯认为：

> 怨恨和责任感之间的冲突导致产生一种矛盾心理，人们可能会粗暴地将乞讨的妇人挡在门外，但在良心上又会百般谴责自己这样做。随之而来的负疚感让人们萌生了控告巫术的念头，因为后来发生的种种不幸被看做是巫师的报复。人们因为不安才要控告巫术，而人们不安的原因是社会对于如何处置施行巫术的人没有清晰的看法。这种不安反映了两条密切相关但又互相排斥的教义在伦理上的冲突，其中一条教义是不劳者不得食，另一条则是富人救济穷人是值得尊崇的行为。

于是，指控者将这一两难困境转化成对邪灵的斗争，从而将自己的自私行为合理化。

在肯尼亚的尼安松加人（Nyansongan）之中，人们以流言而不是正规的审判来指认巫者。尼安桑干的头领（包括家族的当家者、长老、酋长及部落法庭审判员）通常都不采信关于巫术的陈述，他们会通过讨论和仲裁来解决这类争端。不过审理的程序不够严密，因此有人会乘机散布谣言和谴责，让自己的问题得到众人关注。

巫术和其他形式的妖术常见于民间，因此人们常常将这类活动与层次更高的"真正"宗教区别开来。绝大多数学者都会像涂尔干一样做一个基本的划分，将神圣（宗教的核心）和世俗（妖术和日常生活体现出来的一种特征）区分开来。将某种程序或陈述神圣化就意味着它们不容置疑，任何人胆敢冒犯，必将受罚。举例来说，在印度教的创世神话中，与不同种姓通婚的人在死后将去阎罗殿，在那里他们被逼迫抱住烧得火红的人像。神圣和世俗是如此截然不同，以至于仅仅是在不恰当的场合提到神圣的事物便是犯了大忌。神圣的仪式会唤起人们的敬畏之情，这是人类无法理解的一种情愫；神圣的仪式就像一种极端的认证，只有那些有利于群体重大利益的行为和教义才有资格获得。在神圣的仪式下，个人随时准备为群体效犬马之劳或牺牲自己。考验词、特别的装束、神圣的舞蹈和音乐都准确无误地撞击着人们的心灵，在这种宗教体验下，人们皈依了宗教。信徒要做的事情包括：重申他对部落和家庭的忠诚、施舍行善、奉献生命、外出狩猎、

参加战斗、为上帝和祖国而牺牲。在过去的确是这样,约翰·法伊弗(John Pfeiffer)曾说:

> 他们所知、所信的一切,强势的祖先权威与传统,在宗教仪式上逐渐成为耀眼的焦点。刚开始是人们围着团团篝火,一名巫师在人群中装神弄鬼。当大祭司和他的副手出现在高台之上时,仪式才达到高潮。歌声与吟诵响起,歌词不断重复,韵律单调,每一行诗的末尾都押韵。音乐奠定了仪式的基调,它四处回荡,逐渐把气氛推向高潮,使场面更加热烈。戴着面具的舞者们合着诗歌和音乐的节拍,扮演着神明和英雄。观众们随着节奏摇摆,跟着唱仪式上的颂歌。

如今的宗教仪式形式仍然如此,只不过变得更琐碎、更安静。天主教的现代传统派异端学说,以及新教徒发起的福音传教运动和宗教复兴运动都是为了改变腐蚀社会的世俗化进程,让社会复归于古老的形式。对社会意愿绝对服从将依旧是主流社会中"好"人最明显的情感特征之一。第一次十字军东征有句口号是"神的旨意(Deus vult)",而"耶稣就是答案(Jesus is the answer)"则相当于这句口号的现代版本。既然是神的旨意,就不要怕要做什么事,也不要怕路途有多艰难。但神明受到供奉时,部落里的成员便是达尔文式进化适应性的最终受益者(成员们可能未意识到这一点)。说到这里,我们必须探讨这样一个问题:容易被灌输信仰是一种有神经学依据的学习规则吗？这种学习规则是在部落间的相互竞争和淘汰中形成的吗？

即使没有神学，盲目效忠宗教的力量也仍然在起作用，这一事实为上述朴素的生物学假设提供了佐证。在20世纪50年代，每当五一国际劳动节到来之际，天安门广场都要举行盛大的游行集会。这对于玛雅人来说，毫不费脑筋就能立刻领会其中的意义。而列宁坟墓的意义也一样可被崇拜耶稣血袍的人所了解。格里戈里·皮达可夫（Grigori Pyatakov）是列宁最亲近的追随者之一，他曾说："一个真正的共产党员，就是跟着党成长的人，他吸收了党的精神，使自己成为一个神迹般的人物。为了党，一名真正的布尔什维克可以把他过去信仰多年的东西一下子从心中拔除。真正的布尔什维克已将他的人格深深溶入集体，溶入党，竟然可以为了忠心于党而努力摒弃自己的意见和信念——这才是对真正的布尔什维克所做的考验。"

在《拒绝死亡》（*The Denial of Death*）一书中，欧内斯特·贝克尔（Ernest Becker）提醒我们：宗教里的"宗教导师"现象是一种手段，旨在使信徒自动服从某种强大而慈悲的力量。禅宗大师要求信徒们绝对服从每一个环节的要求（如正确的倒立姿势和呼吸方式），直到信徒抽离自身而被某种神力所控制。修禅的弓箭手所射的已不是箭，自然中蕴含的力量因他们彻底的无我境界而突然涌现，并放开弓弦。

今天仍存在埃沙伦（Esalen）、埃斯特 [est，即艾哈德研讨训练课程（Erhard Seminars Training）]、阿里卡

（Arica）、基督教科学派（Scientology）等许多自我完善的宗派，它们只是传统宗教的拙劣替代品。这些宗派的领导者获得了在其他方面颇为精明的美国人某种程度的信服，即使是最狂热的伊斯兰教苏非派（Sufi）的世袭教主谢赫（shaykh）也会对这种信服报以羡慕的微笑。在艾哈德研讨训练课程中，教师要给新人灌输行为科学和东方哲学中的简单道理，同时一边威吓一边抚慰他们。新人不准离开座位吃东西或去洗手间，甚至不准站起来伸伸筋骨。根据彼得·马林（Peter Martin）的个案研究，他们将自己交给无所不能的师，所得到的报酬是一种被虐狂式的解放感。

这般心甘情愿的臣服能让个人和社会都受益。昂利·伯格森（Henri Bergson）率先识别出情感满足机制背后的终极动因。他指出，人类社会行为有极强的可塑性，这既是一种强有力的优势，又是一种危险。如果每个家庭都创建自己的行为规范，那整个社会就会支离破碎，陷于混乱。要想与自私行为及高智能、人类癖性对社会的瓦解力量相抗衡，社会应先进行自我规范。一般而言，任何一套规范都比什么规范也没有要好。因为规则反复无常，社会组织常常会变得效率低下，并因为不必要的不公正行为而受到损害。拉帕波特（Rappaport）对此做了言简意赅的陈述："神圣化把反复无常的东西变成必不可少的东西，而反复无常的规章制定机制又多半会被神圣化。"

但是神圣化的反复无常招致了批评，在较为自由和较具自我意识的误会中，空想家和革命家已经开始变革这种制度。

他们的最终目标是提高他们自己创建的各种规范的地位。改革难免遇到阻力，因为盛行的规范已受到尊崇并且被神化，大多数人认为这种规范是理所当然的，反对即被视为亵渎。

因此，无论是个体还是群体，都存在与自然选择相冲突的情况。在谈论这种冲突时，我们整整绕了一大圈，又回到利他行为根源这个理论问题上来。我们姑且认为遵奉宗教以及献身宗教是一种遗传先天倾向。那么，这种倾向是在整个社会的自然选择过程中还是在个人的自然选择过程中形成的呢？若从心理学的角度来看，这个问题也可以重新表述如下：这种行为是无条件的、用以捍卫整个社会利益的，还是有条件的、只为个人私利服务的？

在一个极端上，人们可能无条件笃信宗教，这时群体便是自然选择的单位。如果对宗教不太遵奉，群体就会陷入衰败甚至惨遭灭绝。根据这种假设，自私的利己主义者有可能占有优势，他们的数量会增加，而其他人的数量会减少。但是，他们异常的先天倾向产生的影响力与日俱增，这使社会变得越来越脆弱，从而加速了它的衰败。如果社会中有较多这样的人，那么造就这种人的基因就较多，这样的社会将逐渐被"破坏基因"较弱的社会所取代，而整个人群中遵奉宗教的人也会多起来。导致盲目遵奉宗教的基因的增多是以其他基因的减少为代价的。在这种情况下，连自我牺牲的潜能也会加强，因为个人愿意放弃报酬，甚至愿意献出自己的生命，这有利于群体的生存。富有自律精神的个体的死亡会导致基因损失，但是当受益的群体扩张之后，获得的新基因不仅仅只够填补这项损失。

在另一个极端，人们的宗教信仰是有条件的，也更摇摆不定，这时个体选择才是达尔文式进化过程中的决定性因素。个体若能遵奉宗教，就无须花费什么精力，也不必冒什么风险便可坐享作为团体成员的好处；他们的行为在很长一段时间内一直是社会的典范。尽管社会上与遵奉宗教者对抗的人可能因为他们的自私和不虔诚而得到暂时的好处，但从长远来看，他们既受到压制，又被排斥，还是得不偿失。遵奉宗教信仰的人的利他行为有可能危及自己的生命，他们这么做不是因为在诸社会竞争中产生的遗传先天倾向，而是因为群体时常会利用所灌输的信仰，这些信仰在其他情况下对个体有利。

上述两种可能性并不一定互相排斥；群体选择与个体选择是相辅相成的。如果群体的成功需要斯巴达人那样的品质和自我惩戒的宗教信仰，那么胜利后补偿给幸存下来的信徒的就不只是土地、权利和繁衍后代的机会。中等水平的人都会在这场达尔文式的竞赛中取胜，他的冒险会带来利益，因为所有参与者付出的全部努力会给中等水平的成员带来优势，这种优势不只会补偿他们的冒险：

> 耶和华对摩西（Moses）说："你，还有祭司伊利亚撒（Eleazar）和本公社各氏族长老，一同数数所有掳来的人或者牲畜，平分一下，一半送给参战的战士，另一半送给公社。你要代耶和华征收税赋；从战士那里按

> 五百分之一征收，不管是人、牛、驴还是羊；从中取出一部分交给祭司伊利亚撒，作为耶和华的赐物。从以色列人那里按五十分之一征收，不管是人还是牲畜，不管是牛、驴还是羊，交给负责管理耶和华圣堂的利未人（Levites）。"【《民数记》（Num.）30：25-38】

如果仔细研究，便可发现最高级的宗教活动能带来生物性的好处。最重要的是每个人的身份固定下来了。在每个人复杂、混乱的日常体验中，宗教将他们归类，使他们成为一个号称强大有力的群体的成员，通过这种方式，宗教提供了一个让他们奋进的人生目标，这个目标与他们自身的利益相一致。他们的力量就是这个群体的力量，他们的人生导向就是这个群体的神圣誓约。神学家、社会学家汉斯·J·莫尔（Hans J. Mol）把这个关键过程贴切地称为"身份的神圣化"。心灵有参与某些神圣化过程的先天倾向（可以设想学习规则是生理决定的），而这些过程集合起来便产生了有组织的宗教制度。

宗教形成的第一个机制是具体化（objectification），也就是用容易理解并且能避免矛盾和例外情况的形象与定义来描述现实。天堂和地狱、作为善恶较量竞技场的人生、控制自然力的诸神、实施戒律的神灵便是其中一些例子。具体化创造了一个吸引人的框架，上面装饰着各种象征物和神话。

宗教形成的第二个过程是笃信（commitment）。虔诚的信徒为了已被具体化的信念及与自己相同的人的幸福奉献自己的毕生精力。笃信是纯粹的宗族主义行为，它体现为情感上的自我归顺。其核心是神秘的誓约，以及巫师和祭司，后者对宗教法典的解释被认为是不可或缺的佐证。笃信的行为总是和宗教仪式联系在一起，在仪式上供奉着法典和圣物，它们被反复定义，直到它们似乎成为人性的一部分，如同爱或饥饿那样。

最后一个程序是神话。神话就是用合理的语言讲述宗族在世界上的特殊地位，这种讲述要符合听者对自然世界的理解。在有文字以前，采猎社会中就流传着创世故事。人类与具有超自然力并和宗族有特殊关系的动物都在奋争、进食和繁衍后代。他们的活动多少能解释自然界的运作方式和人类宗族在世界上处于优势的原因。社会越复杂，神话就越复杂。神话以更为奇幻的方式复制了社会的基本结构。神人和英雄的宗族为了争夺王权和疆土交战，它们各自主宰着凡人生活的不同方面。神话一再触及摩尼教（Manichaeism）的主题，即两种不同的神力争夺对人类世界的控制权。举例来说，对于亚马逊－奥里诺科（Amazon-Orinoco）丛林中的某些美洲印第安人而言，交手的是两兄弟，他们分别代表太阳和月亮，一个是仁慈的创世者，另一个则是作怪的妖魔。在较晚的印度教神话中，宇宙至善的主宰婆罗门（Brahma）创造了黑夜神（Night）。黑夜神生下的罗刹（rakshasa，*印度神话中的恶魔，数目很多——译者注*）想吃掉婆罗门并灭绝人类。在更精妙的神话中，另一个反复出现的主题是天启（apocalypse）和千年至福（millenium），它预言在天神下凡结束现存的世界并创造新的秩序之时,所有的斗争都将停止。

对这种崇高神灵的信仰不是普遍的。约翰·W·M·怀廷（John W.M.Whiting）研究过 81 个采猎社会,其中只有 28 个（占 35%）社会的宗教传统中有这种崇高神灵。至于创造世界的那个无所不能、明辨是非的上帝的概念就更少见了。此外,这个概念大多是在游牧生活中产生的。越是依赖游牧生活,就越可能信仰犹太教和基督教共有的牧羊神。除了游牧社会以外,在其他有宗教的社会中这种信仰只占 10% 或者更少。

在一神论（monotheistic）的宗教中上帝总是男性;这种极为明显的父权制倾向有好几个文化根源。游牧社会高度流动、组织严密,而且往往好战,这都是有助于男性权威的特征。另外还有一点很重要,放牧是主要的经济基础,而这项工作基本上是男人负责。希伯来人起初过着游牧生活,《圣经》便将上帝描写成牧羊人,而选民则是他的羊群。伊斯兰教是最严格的一神论宗教之一,它最初也是在阿拉伯半岛（Arabian peninsula）上的牧民中发展壮大起来的。

科学开始揭穿一个又一个远古的神话故事,神学已撤退至最后一个堡垒,再也无处可退了。这个堡垒就是创世神话中的上帝概念：上帝是意志,是万物存在的原因,是这个星球在太初状态时一切能量的产生者,也是天地万物演化之自然法则的制定者。只要这个堡垒存在,神学便能溜出大门伺机突围,重新返回现实世界。一旦其他哲学家放松警惕,自然神论者（deist）就会以过程神学（process theology）的方式设计出一种无所不在的超凡意志。他们甚至还可以假设出诸般奇迹。

但是，千万不要错误估计科学唯物论的力量。它给人类心灵提供了另一种神话，迄今为止，这种神话在与传统宗教的交锋中总是取胜。它的叙述犹如史诗：宇宙的进化始于150亿年前的创世大爆炸，而后各种元素和天体形成，地球上出现生命。这种进化史诗就是神话，因为它眼下所引用的法则只是被认为可以构成从物理学到社会科学，从我们所处的世界到宇宙中的所有其他世界，而且还能回溯到宇宙起源的这样一个因果连续统一体，但这从来没有得到明确的证明。万物的每一个部分都被认为是服从物理法则的，不需要任何外力的控制。科学家惜墨如金的解释排除了神灵及其他外力。最重要的是，我们已步入生物史中的关键阶段，在此阶段宗教本身也要接受自然科学的解释。正如我努力想表明的那样，社会生物学可以解释神话的真正起源，而依据就是在人类大脑物质结构的遗传进化过程中发挥作用的自然选择原理。

如果这种解释是正确的，科学自然主义（scientific naturalism）的最后一招就是把传统宗教这个主要竞争对手解释成为一种彻底的物质现象。神学不可能作为一门独立的学科存在下去。但是宗教本身却会作为社会中一股极其重要的力量存续很长一段时间。就像神话中从大地母亲身上汲取力量的巨人安泰（Antaeus）一样，宗教不可能被那些只能将它摔倒在地的人击垮。科学自然主义在精神上是乏力的，这是因为它没有这样一种根本的力量源泉。在解释宗教情绪力量的生物学起源时,科学自然主义当前对这些起源根本无计可施,因为进化史诗否认个体永生及社会神权,并且也只提出了人类的存在意义。人文主义者(humannist)永远不会体验到精神皈依和自我奉献的极致乐趣;而科学家也不可能成为虔诚的牧师。所以,现在我们要问:是否有什么方法可以转移宗教的力量,使其服务于揭示宗教力量之源泉的伟大新事业?我们终于又回到了需要作答的第二个困境。

第九章
希望

传统宗教及其在世俗中的对等物创造的神话似乎注定要衰颓，这导致形成人类所面临的第一个困境。这些失败的代价是道德共识丧失，对人类处境深感无助，以及对周遭事物冷漠，只关心自身和不远的将来。若要理智地解决第一个困境，就要将生物学的发现与社会科学的发现结合起来，对人性进行更加深入、更加大胆的研究。人们将会对心灵做更精确的解释，将其看做大脑神经机制的附带现象。在人类处于远古环境的漫长岁月里，自然选择推动了人类的遗传进化，而大脑神经机制正是遗传进化的产物。以明智而审慎的方式扩展神经生物学、动物行为学、社会生物学的方法和观念，便可为社会科学奠定良好的基础，并且可能会消除横亘在自然科学与社会科学、人文科学之间的鸿沟。

纵使上述第一个困境的解决方法被证明只是部分正确，它仍会直接引出第二个困境，那就是我们必须在我们与生俱来的诸多心理倾向中做有意识的选择。人性有三大要素，即学习规则、情绪强化物和激素反馈回路，它们把社会行为发展导入特定的轨道。人性不仅仅是一系列在现存社会中获得的东西，它还包括未来社会经过有意识的设计便可能获得的东西。了解一下数百种动物中存在的社会体系，然后推导出这些体系的进化法则，我们就可确定人类的全部选择仅仅是理论上可能存在的各种选择中的极小一部分。人性还是某些遗传适应性的大杂烩，原本适应的环境是冰河时期的采猎社会，现在基本上不复存在。现代生活对于身在其中的人来说真是丰富多彩、日新月异，但那也不过是古老行为适应性在文化上过度发展后构成的一幅拼图。在第二个困境的中心，还可以发现这样一种循环：我们被迫在人性的诸要素中做选择，而所能参照的价值体系是在早已消失的进化时期由同样的人性要素构成的。

幸运的是，这个循环并非严密到让人类意志对它无可奈何。人类生物学的首要任务就是辨别、测定那些影响伦理学家和其他任何人做决定的制约因素，并通过神经生理学和种族发生学对人类心灵的再建构来推导这些制约因素的意义。这对于人们持续进行的文化进化研究而言是一个必要的补充。它会改变社会科学的基础，但决不会有损社会科学的丰富性和重要性。在此过程中将形成一门伦理生物学，这使我们有可能选出更为我们所了解且更经得起考验的道德价值准则。

新出现的伦理学家首先会思考人类基因存在的基本价值，这些基因经过一代又一代的流传已形成人类共有的基因库。几乎没有人了解有性生殖对基因传递的影响最终会导致什么结果，也没意识到"种系"其实不重要。在任何一代人中，个体的 DNA 差不多均等地承袭了列祖列宗传递下来的遗传信息，而且在以后也会一直差不多均等地分配给所有的子孙后代。我们每一个人都拥有 200 多位生活在 1700 年的祖先，他们中的每一个人为当代的后人提供的染色体还不足一条，如果把族外姻亲也计算在内，生活在 1066 年的祖先可提供多达数百万条染色体。亨利·亚当斯（Henry Adams）谈到诺曼人和英格兰人通婚所生下的后代时说得好，他说如果"我们能回到过去，和我们通过计算推论出来的 11 世纪的 2 亿 5000 万位祖先共同生活，我们一定会发现自己在做着许多不可思议的事情。撇开别的不谈，我们定会在康坦丁（Contentin）和卡瓦多斯（Calvados）的大部分田野里耕种，在诺曼底（Normandy）每一个教区教堂里做弥撒，为了效忠本地区的每一位精神领袖或世俗封建领主而应征入伍，还会加入圣米榭山（Mont-Saint-Michel）上修建大修道院教堂（Abbey Church）的行列。"如果再回溯几千年（这只是进化史上的一个瞬间），现代英国人所形成的基因库遍布整个欧洲，并向北非、中东和更远的地区扩散。个体只不过是来自这个基因库里的基因的短暂组合，这种组合中的遗传物质很快会被打散并回到基因库中。有益于自己及其直系亲属的个体的行为会受到自然选择的影响，因此，人性要求我们懂得自私并具有同族意识。不过，对于长期进化历程有一种更为超然的观点，这让我们能够超越盲目的自然选择决策过程，并在整个人类的宏观大背景下审视我们自己基因的历史与未来。有一个早已在使用的词汇直观地说明了这一超然的观点，那就是"高贵（nobility）"。如果恐龙曾经有这种概念，它们或许能生存下来，或许它们就成了我们。

我相信，正确的应用进化理论会赞同基因库的多样性是其最重要的价值。如果像一些证据所显示的那样，遗传会适度影响身心方面的变异，则我们可以料想到有些能力超常的人竟然出生于寻常百姓家，但他们无法将自己卓越的禀赋遗传给他们的后代。生物学家乔治·C·威廉姆斯（George C. Williams）曾在文章中将动植物的这类基因称为西西弗斯基因型（Sisyphean genotype）。他的推论是以下述基础遗传学学说为依据的：几乎所有的能力都是由染色体许多不同位置上的基因形成的组合决定的。根据定义，真正不寻常的人，不论其是优是劣，都可以在统计曲线的顶点找到；决定他们特性的遗传基质以罕见的方式组合在一起。为了创造新的生物体，新的性细胞会形成，且性细胞会聚合在一起。遗传基质的罕见组合正是在这个随机过程中产生的。有性繁殖的个体都有一组独一无二的基因，非常特殊的基因组合甚至不会在同一个家庭中出现两次。因此，如果天才的确是遗传的，那么天才基因便以一种让人难以测定或预测的方式在基因库中时隐时现。西西弗斯把巨石推上山顶，但结果是巨石再度滚下来。同样的，人类基因库在很多地方以很多方式造就了遗传型的天才，但是到了天才的下一代，天才基因又重新洗牌。西西弗斯式组合的基因可能遍布全人类。单单出于这个原因，我们便有理由认为保存整个基因库是第二大基本价值，除非有朝一日某种不可思议的伟大人类遗传学知识使我们可以根据以民主方式构建的优生学（eugenics）来维护人类基因库。

普遍人权也许可视作第三大基本价值。这一观念并不是很普及，它基本上是近代欧美文明的产物。我认为，我们将赋予人权重要的地位，这倒不是因为它是一项神谕（帝王们经常借神权来统治天下），也不是因为它遵循某种未知的外部抽象原则，而是因为我们是哺乳动物。我们的社会是依哺乳类动物的生存方式建立的：个体首先要为自己成功繁衍后代而奋斗，其次为其直系亲属成功繁衍后代而奋斗；勉强与他人合作是一种妥协，目的是获得作为群体成员的种种好处。我们暂且假设蚂蚁和其他社会性昆虫已成功进化出高等智能，那么一只头脑清晰的蚂蚁便会发现人类的社会组织在生物学上站不住脚，而且所谓"个人自由"的观念根本就是邪恶的。我们之所以赞同普遍权利（即人权），是因为先进技术社会中存在的力量变化太快，无法回避哺乳动物的生存法则；不平等带来的深远影响对其暂时的受惠者而言总是具有显而易见的危险性。我认为，这才是普遍权利运动的真正原因。相比旨在推动并文饰普遍权利运动的文化手段，该运动原始的生物学原因最终具有说服力。

这么一来，探索价值观时便不必执念于算计遗传适应性。虽然自然选择一直是首要推动力，但它也是通过基于次要价值观的一连串决定而起作用的，在历史上这些价值观就是让人们成功生存和繁衍的有效机制。这些价值观的确立在很大程度是因为我们最强烈的感情，诸如：探索的热情与敏感、新发现带来的兴奋、在战争和竞技运动中取胜后的喜悦、得体的利他行为带来的安然满足、种族和民族自豪感、来自家族关系的活力、靠近动物和生机盎然的植物时产生的对生命的喜悦。

这些反应的神经生理学原因尚待解释,它们的进化史也有待重建。它们遵循着某种能量守衡原理,我们强调其中任何一种反应都不会改变所有反应的总能量。诗人们完美地阐释了这一点,譬如莎福(Sappho)那平静的诗句【诗歌为希腊语,英文版由玛丽·巴纳德(Mary Barnard)翻译)】:

这黑暗大地上最美好的事物,
有些认为是一队骑兵,
有些人认为是步兵,
还有些人认为是船队飞转的船桨。

但我却说,
最美好的是心中挚爱。

虽然我们没有任何手段来测定这些能量,但我猜想心理学家可能会认为能够在不减少原有强度的情况下对这些能量的作用方向作出实质性的改变,而且心灵会竭力维持某种水平的秩序,并求得情感上的回报。最近发现的证据表明,脑干中粗大神经纤维的兴奋在人们睡眠之时传递到了大脑并刺激大脑皮层活动,这样就产生了梦。因为接收不到外界的普通感觉信息,大脑皮层就从记忆库中提取意象,然后编织成精彩的故事。心灵以类似的方式不断创造出道德、宗教和神话，并赋予它们情感力量。当盲目的意识形态和宗教信仰被抛弃时，马上就会出现别的东西来取代它们的位置。倘若能用批判分析法对大脑皮层进行严格训练，并让经过检验的信息在大脑皮层中保存下来，那么大脑皮层将会重新组合这些信息，使之形成某种形式的道德、宗教和神话。倘若能对心灵加以指导，使其知道超理性的活动不能与理性活动并在一起，那么它就会将自身一分为二，使这两种活动能够并行不悖地继续发展。

如果我们最终承认科学唯物论本身就是一种境界高尚的神话，那么就能利用上述创造神话的驱动力为以人类进步为目的的学习与理性探索服务。所以让我再说几条我认为科学精神优于宗教的理由：前者在解释和控制自然界方面不断取得成功；所有有能力的人都可以利用它的自我纠错性质来设计或开展各种试验；它可以用来检测所有神圣的和世俗的对象；而且它现在可能利用进化生物学的机械论模型来解释传统宗教。最后一条是最紧要的。假如可以系统地分析宗教（包括教条式的世俗意识形态）并将其解释为大脑进化的产物，那么作为道德外部源泉的宗教力量就会一去不复返，而且解决第二个困境就会成为当务之急。

科学唯物主义的核心是前面提到的进化史诗。让我重申一下科学唯物主义的基本主张：自然科学的规律与生物学、社会科学的规律是相容的，这些规律可以在因果解释中互相贯通；生命和心灵都有其物质基础；我们现在所了解的世界是从早期遵循着相同规律的世界演化而来的；我们今天所看到的宇宙的每一个地方都可以用科学唯物论来解释。进化史诗可以按照这一思路不断得到强化，但它那些有广泛影响的结论尚未被证明是最终定论。

最后我想说的是，进化史诗很可能是我们所拥有的最棒的神话。它可以日臻完善，直到与真理十分接近，而到了那时候人类心灵也能够判断真理。如果真是如此，科学唯物主义必然会以某种方式满足心灵创造神话的要求，以便让我们重新拥有超凡的能力。要完成这样一种转变有很多正当的方法，而且不必动用教条。其中一种方法加强自然科学与人文科学之间的联系。伟大的英国生物学家 J·B·S·哈尔登（J.B.S. Haldane）谈到科学与文学时曾说："我绝对相信科学比那些经典著作更能刺激想象力，但是这种刺激的产物一般不会以书籍的形式问世，因为从事科学工作的那类人对文学形式没概念。"这么说的确有道理，天文学家和物理学家推论宇宙的起源始于 150 亿年前的创世大爆炸，这可比《创世纪》（Genesis）第一章或尼尼微人（Ninevite，居住在古代亚述首都）有关吉尔伽美什（Gilgamesh，是神话传说史诗集中的英雄人物）的史诗中对宇宙起源的描述要震撼得多了。当科学家借助数学模型设法重现创世大爆炸的物理过程时，他们谈论的内容无所不包，真的是无所不包；而当他们谈论脉冲星、超新星和黑洞之间的碰撞时，他们探索的是宇宙的广袤和神秘，已经超越了前人的种种想象。回想一下上帝是如何用一些旨在控制人类心灵的观念来责问约伯（Job）的：

是谁在说无知的话语

使我的旨意晦暗不明？

打起精神，像男子汉那样昂首挺立；

我向你提问，你要回答……

你可曾探索过大海的源头

抑或行走在莫测的深渊？

死亡的大门可曾为你开启？

你可曾见过黑暗之处的看门人？

你可曾了解世界的广袤无垠？

来吧，你若知道，全部告诉我。

是的，我们确实知道，而且我们也已经告诉过世人。耶和华的质问已经有了答案，科学家们继续探索，为的是揭示和解决更大的难题。我们已经知道生命的物质基础；我们还大致知道生命在地球上出现的时间和方式。新的物种已经在实验室中诞生，对进化过程的探索也已经达到分子级。基因可从一类生物体移接到另一类生物体。分子生物学家已掌控了创造基本生命形式所需的绝大多数知识。安置在火星上的机器已传送回来火星的全景图和土壤化学分析的结果。《旧约》的作者们能想象到这样的活动吗？这个伟大的科学发展过程依然在向前推进。

然而令人吃惊的是，西方文明的高级文化基本上与自然科学脱离。在美国，知识分子实际上被定义为按照社会科学和人文科学的主导方式工作的人。他们的思考不和化学和生物学沾边，好像人类在某种意义上仍然以超自然的眼光看待自然界。在《纽约书评》(The New York Review of Books)、《评论》(Commentary)、《新共和》(The New Republic)、《代达罗斯》(Daedalus)、《国家评论》(National Review)、《星期六评论》(Saturday Review)等人文杂志中的大多数文章读起来给人一种这样的印象，好像绝大部分基础科学到了19世纪便停止不前了。文章的内容基本上是历史轶事，对有关人类行为的过时、浮夸理论的考证，以及基于个人意识形态的实事评论，这些东西固然都是以生花妙笔写出来的，叫人看了颇觉欢喜，但并无裨益。现代科学仍然被视为解决问题的活动和技术奇迹，它的重要性是根据某种与科学毫不相干的社会思潮来评价的。确实有许多"人文"科学家跳出科学唯物主义的框子进入文化界，他们的身份有时候是专家见证人，有时候是有宏图大志的作家，但是弥合这两个认识世界之间的鸿沟这件事他们几乎无能为力。除了极少数特例以外，他们都是些平庸的科学家，他们充当的是象征性的使者，他们所传播的东西在他们的主子看来必定是优雅文字所不能记载的粗俗文化。他们贸然接受了"通俗作家"这样一个标签，从而降低了自己的身份。那些能触动人们心灵深处的伟大作家罕有用科学的术语阐述真正的科学。他们知道这种挑战的本质是什么吗？

　　既然人类的心灵遵循因果解释框架，那么我们不难把注意力转移到我们所想要的方向去。每一首史诗都需要一位英雄：人类心灵可以扮演这个角色。甚至是那些习惯于思考百亿个星系和无限空间的天文学家，也必定会赞同人类大脑是我们所知道的最复杂的东西，也是每一门重要自然科学都要研究的对象。社会科学家和人文学者，当然还有神学家，最终不得不承认：通过重新定义心理过程，科学自然主义必定会改变他们系统化研究的基础。

在本书的开端我就阐述了科学进步常常会有辩证性这一看法。一门学科总是与它的对立学科紧紧毗邻；一门学科所揭示的现象被其对立学科还原成更基本的规律，因而对立学科可以成功地重组这些现象；但是一门学科中新的现象组合会深刻改变其对立学科，因为两门学科之间的相互作用加强了。我认为生物学，尤其是神经生物学和社会生物学，会成为社会科学的对立学科。我还认为生物学所蕴含的科学唯物主义将重新审视心灵以及社会行为的基础，由此成为人文科学的一种对立学科。孔德式（Comtian）的革命不会发生，也不会有非派生的科学文化突然冒出来。为了解答人文科学的核心问题（包括意识形态和宗教信仰），科学自身必须变得更加成熟，而且其中一部分能特别有技巧地处理人类生物学的特殊问题。

当这样的融合过程继续下去时，我诚愿会有一个真正的奇迹闯入大千文化中。我们需要更清楚地阐明我们未知的事情。自然科学家用技术谱写的进化史诗仍然存在许多空白和吸引人的神秘事物，其中最突出的就是心灵的物质基础。这就如同世界地图上那些未曾探索过的空白区域，它们的大致边界不难划定，但是内部的情况就只能粗略估计了。科学家和人文学者已经为文化人的探索之旅确定了伟大的目标。但他们可以做的远远不止这些。还有许多未知与惊奇正等待着我们。早期欧洲探险家勇往直前,发现了新大陆;第一批显微镜使用者观察到了在水滴中游动的细菌。和这些古老的奇迹一样,等待着我们的未知与惊奇离我们并不遥远。随着知识的增长,科学必然更能刺激人类的想象。

毫无疑问,有人会反对这个观点,认为这是杰出人物统治论。在他们眼里,经济问题和社会问题才是世界各地最需要关注的问题。这种反对有一定的道理。萨赫勒地区(Sahel)和印度在闹饥荒,阿根廷和苏联有囚犯在狱中腐烂,在这种情形下有什么事情是真正紧要的?要回答这个问题,先得问我们是否要深刻且永远地明白我们为什么会关心这些问题?当这些问题解决了之后,还会出现什么问题?任何一个政府公开的目标都是要让人民满足,这种满足是远远超越动物生存那个层次的。在几乎所有的社会革命中,除了献身革命这一条以外,最重要的目标都是教育、科学和技术,这三者结合起来又让我们无可避免地回到第一个困境和第二个困境。

那些靠传统的有组织的宗教满足情感需求的人会更坚决地反对这个观点。他们会说,单凭一个有科学依据的神话绝不可能消灭上帝和教会。他们说得没错。上帝是宇宙的原动力,这个假设仍然会存在,尽管这个观念不能确定也无法检验。宗教仪式(尤其是成人礼和国家地位的神圣化)已根植于现存文化之中,并构成了其中最重要的一些内容。在揭示宗教仪式的起源之后,人们在很长一段时间内肯定还是会施行这些仪式。仅仅是对死亡的哀恸就足以使它们存在下去。说对人格化的道德神明的信仰将会消失不免有些傲慢无礼，正如在科学唯物主义利用神话达成自身目的的情况下预测将来的宗教仪式形式是草率的。

我也并不认为科学的广义性可以替代艺术，或任何不止是与艺术共生、给艺术提供养分的东西。艺术家（包括有创造力的作家）将他们自己的体验和想象用一种直接的方式传达给观众，让观众产生情感共鸣。科学有望能够解释艺术家、艺术天才，甚至艺术，并且它将越来越多地借助于艺术来研究人类行为。但是科学本不是用于传达个人体验，也不是用规律、原理（揭示规律和原理才是科学的要务）来重现个人体验的丰富性。

最重要的是，我并不认为科学自然主义是另一种形式的有组织的正式宗教。我的推论遵循赫胥黎（Huxleys）、沃丁顿（Waddington）、莫诺（Monod）、鲍利（Pauli）、多布赞斯基（Dobzhansky）、卡特尔（Cattell）等人的人文主义，这些人都曾冒着风险去面对戈尔更（Gorgon，希腊神话中三个蛇发女怪之一，人一见她即化为石——译者注）。我想他们每一个人的成就总比他们原先所设定的目标差一点，其原因有两个。要么是因为他们将宗教信仰当做泛灵论一样排斥，要么是因为他们认为宗教应当退隐到心灵的幽僻之处，让其在文化中产生的事物远离认识主流。人文主义者极其信仰知识的力量和进化观，他们认为这些是超越人类心灵的。我则提议修正科学人文主义，我们应当承认宗教信仰的心理过程

（包括神化个人和群体特性、崇拜有神授超凡能力的领袖、编造神话等）反映了先天的内在倾向，经过成千上万代人的遗传进化，这些倾向中的独立部分已融入人脑的神经组织。因此这些倾向是强大而无法消除的，并且它们处于人类社会生活的核心。同时，这些倾向是高度组织化的，大多数哲学家在过去未曾意识到这一点。我还认为科学唯物主义应该在两个层面上思考这些内在倾向，其一是将它们当做极其复杂而有趣的科学谜题，其二是将它们当做一种力量的源泉，当科学唯物论被视为更有影响力的神话时，可将这种力量扭转到新的方向。

这样的变化将会加速进行。人类注定要不断地认识世界，因为知识社会总是能够在文化上统治知识匮乏的社会。反技术进步和反知识的人不会懂得热力学不等式或疾病的生化治疗法。他们身居陋室，寿命多半也不长。具有统一目标的文化总能比那些没有统一目标的文化更快接受新知，随后它们的学习会进入自动催化模式，因为科学唯物主义是唯一可以通过不懈追求真知而形成伟大目标的神话。

我认为这会产生一种引人注目的影响，那就是对历史的描述会变得越来越精确。维科（Vico）、马克思（Marx）、斯宾塞（Spencer）、斯彭格勒（Spengler）、蒂加特（Teggart）、汤因比（Toynbee）等最具创新精神的社会理论家有许多伟大的梦想，其中一个便是揭示历史的规律，以便能预见人类的未来。然而他们壮志未酬，因为他们对人性的了解没有科学依据。套用科学报告常用的表达法，可以说他们对人性的了解是宽泛而极不精准的。那只无形的手依然隐不可见；对成千上万个个体的了解甚少，他们的行为集合便难以估计。现在我们有理由来提出这个观点了：每个社会的文化都是沿着这条或那条进化轨道发展前行的，这些进化轨道的整体部署受到人性遗传规则的限制。从人类中心说的观点来看，进化轨道布局庞大，但与所有那些可能不受遗传限制的轨道相比只是极小的一部分。

等到我们有关人性的知识增长，而且我们开始更客观地选择价值体系，我们的身心最终协调一致之时，进化轨道将会变得更狭窄。举两个相反的极端例子。我们已经知道，极端的社会达尔文主义者威廉·格雷厄姆·萨姆纳（William Graham Sumner）和无政府主义者米海尔·巴枯宁（Mikhail Bakunin）的世界观从生物学上看都是不可能的。当社会科学成熟到成为具有预测能力的学科时，人类可以选择的进化轨道在数量上会减少，而且我们的子孙后代在这些轨道上会看得更远。

于是人类会面临第三个、也许是最后一个精神上的困境。现在人类遗传学和科学的其他分支学科都在快速发展。到了一定的时候，会有许多关于社会行为遗传基础的知识积累起来，而且可能出现通过分子工程学和无性繁殖来改变基因综合体的技术。最起码我们可以通过常规的优生学来实现缓慢的进化改变。人类物种可以改变自身的属性。那么，人类会怎么选择呢？是依旧在冰河期形成的适应性（部分已过时）这一不完善的基础上蹒跚而行，还是朝着更高级的智力和创造力勇往直前（此过程中情绪反应能力可能变强或变弱）？社交新模式能逐步建立起来。也许人类可以在遗传上模仿白臂猿近乎完美的核心家庭或者蜜蜂那种和谐友爱的手足之情。但是，我们在此谈论的是人类的本质。也许我们的本性当中已经存在某种东西阻止我们做出这样的改变。无论如何，解决第三个困境幸好是后代子孙的任务。

为了充实进化史诗，现代作家们常会借由古典神话中的英雄来阐述他们对人类处境的看法：存在主义的西西弗斯不断将巨石推上山顶，然后看着巨石再度滚下来。这是他对待命运的唯一方式；踌躇的阿朱那（Arjuna，印度古代梵文史诗《摩诃婆罗多》中的英雄——译者注）在正义的战场上和他自己的良心交战；潘多拉（Pandora，主神宙斯命火神用黏土制成的世界上的第一个女人。潘多拉下凡时私自打开宙斯神送给她的盒子，使一切灾害和罪恶全跑散到世上，只有希望还留在里面——译者注）这个祸水为人类带来种种灾难和祸患；任劳任怨的阿特拉斯（Altas，被宙斯降罪用双肩支撑苍天的擎天神——译者注）在地界边缘苦苦擎举着苍天。普罗米修斯（Prometheus，因从天上盗取火种给人类而触怒主神宙斯，被锁在高加索山崖受神鹰折磨，但他始终坚毅不屈——译者注）近年来已不太有人提起，这是对资源限制和严苛管理的妥协，但是我们不应失去对他的信仰。现在请和我一起看看原本的、埃斯库罗斯式（Aeschylean）悲情版的普罗米修斯：

合唱：也许你做的事情比你告诉我们的还要多吧？
普罗米修斯：我使凡夫俗子不再能预见自己的厄运。
合唱：你是如何帮助他们治愈这种疾病的？
普罗米修斯：我给了他们盲目的希望。

科学上真正的普罗米修斯精神乃是指赋予人们知识和一些主宰自然环境的方法，从而让人们获得自由。但是，在另外一个层面上，新时代的普罗米修斯精神还谱写了科学唯物主义的神话。它以能纠正错误的科学方法为指导，带着对人性最基本需求的清晰而殷切多情的呼吁，并靠着一个个盲目的希望而变得百折不挠。这些希望就是我们现在所踏上的旅程会比上一段旅程走得更远，也更精彩。

术语表

为了方便读者,我将本书中使用的一些词汇做成如下术语表。这些词汇中有一些很专业,读者可能不太熟悉,还有一些十分重要,除了给出精确定义,还须作额外的解释。

适应(Adaptation):在生物学中,指能增进生物体生存与生殖适应性的特殊解剖结构、生理过程或行为,也指生物体产生上述适应性特征的进化过程。

攻击(Aggression):一个个体为削弱另一个个体的自由或遗传适应性而采取的肢体行动或威胁行为。

利他行为(Altruism):为其他个体的利益而损害自身利益的行为。利他行为可能是完全理性的行为,也可能是自动的、无意识的行为或是先天情感反射引发的有意识行为。

无性繁殖(Asexual reproduction):没有性细胞结合的一种生殖方式,如孢子形成、出芽和细胞分裂。

自动催化反应(Autocatalysis):指通过某一反应的产物

来催化该化学反应,即这些产物一旦生成,就能加速反应的进程。

人群(Band):在本书中常用来指靠狩猎、采集为生的人群。

行为生物学(Behavioral biology):对行为各个方面的科学研究,包括神经生理学(研究神经系统)、动物行为学(研究各种模式的行为)与社会生物学(研究社会行为和结构的生物基础)。

出芽(Budding):无性生殖的一种。指一个近乎完整的新生物体从其亲代生物体上长出来。

食肉动物(Carnivore):以食肉为生的动物。

催化反应(Catalysis):在这种反应中有某种物质能加速反应进程,该物质自身在整个反应过程中没有消耗。

染色体(Chromosome):在细胞核中发现的一种复合物,通常为球形或杆状结构,其作用是承载生物体的部分遗传信息(基因)。

大脑皮层(Cortex):在人体解剖学中,指大脑神经组织的外层,又称"灰质",其中含有意识和理性思考中心。

达尔文主义(Darwinism):由查尔斯·达尔文创立的自然选择进化论(特别是指他1859年所著的《物种起源》)。其主要观点是:物种的遗传组成会随着时间的推移发生变化,因而才会进化。这首先是因为族群中个体自身的遗传物质会发生改变,其次是因为那些具有最佳生存和繁衍适应能力的个体也会不成比例地在后代中出现。现代生物学家认为这是唯一超越族群遗传类型单纯统计波动的进化模式。

人口统计学（Demography）：人口增长速率和年龄结构以及决定这些特性的过程；也指对这些特性的科学研究。

密度制约（Density dependence）：由于族群密度增加，增强或减弱某种作用于人口增长率的因素（如疾病或地盘捍卫行为）的影响力。

决定论（Determinism）：泛指解剖器官、生理过程或行为发展过程中存在的任何形式的制约因素。遗传决定论指因为拥有特定的基因构成，就形成了某种程度的制约。

发展地形（Developmental landscape）：用于描述先天、后天对立的一个隐喻。一种特征的发展可以比作一个球从固定遗传地形滚下来经过的路径。其间球会不时遇到分叉的沟渠，它会根据自身的动力和各分支沟渠的易接近程度滚进这条或那条沟渠。

脱氧核糖核酸（DNA）：所有生物体的基本遗传物质。基因就是由不同功能的 DNA 分子组合而成的。

统治制度（Dominance system）：在社会生物学中，一群动物或一群人之间的关系往往是通过某种形式的攻击或胁迫来建立和维持的。在这种制度中，有一个个体在进食、择偶等各方面享有绝对优先权。仅次于它（他）的个体享有超越剩余其他成员的优先权，依此类推，逐个下降一个统治等级或"啄序（一群家禽中存在的社会等级，其中每一只鸟禽能啄比其低下的家禽而又被等级比它高的家禽啄咬。——译者注）"。禽类的统治秩序既简单又严格，但是人类的统治秩序既复杂又微妙。

驱力（Drive）：泛指动物寻找某个对象（如配偶、食物或栖息地）以及对该对象表现出相应反应的倾向。

环境决定论（Environmentalism）：在行为研究中，认为对环境的体验是行为模式发展的主要决定因素或唯一决定因素。

发情期（Estrus）：雌性动物产生性冲动或最适合交配的时期。通常情况下发情期也就是雌性动物的排卵期。

动物行为学（Ethology）：研究自然环境中动物各种行为模式的学科，其重点是分析这些行为模式的进化和适应。

进化（Evolution）：任何一种渐进变化。生物体进化（通常简称进化）是指生物体族群一代又一代发生的各种遗传变化。

进化生物学（Evolutiomry biology）：涵盖了生物学各分支学科，其中包括生态学、分类学、种群生物学、动物行为学和社会生物学。它研究的是生物体族群和群落的进化过程和进化特征。

适应性（Fitness）：参见遗传适应性。

配子（Gamete）：生殖细胞，指卵子或精子。

基因（Gene）：遗传的基本单位，是DNA分子的组成部分，可以影响任何一个遗传特征的发展。更准确地说，基因通常指顺反子，即携带形成蛋白质分子特定部分编码信息的DNA片段。

基因库（Gene pool）：生物体整个族群的所有基因。

遗传（Genetic）：从祖先处得来的；指基因个体特征的变化至少部分是由基因差异造成的。

遗传适应性（Genetic fitnes）：具有某种遗传特征的生物体对下一代的贡献，这种贡献是相对于同一族群中具有其他不同遗传特性的生物体对下一代的贡献而言的。确切地说，这是遗传适应性强的生物体逐渐在族群中占据优势的过程。这一过程也叫做自然选择进化。

遗传学（Genetics）：对遗传的科学研究。

属（Genus）：一群相似、相关的物种。

生殖腺（Gonad）：产生性细胞的器官。通常是指卵巢（雌性生殖腺）或睾丸（雄性生殖腺）。

群体选择（Group selection）：能使一个群体比另一个群体留下更多后代的过程，如竞争、疾病或繁殖能力等。"群体"在理论上的定义很宽泛，它可以指亲族（比亲子关系更广泛的血缘关系，参见亲族选择），也可以指部落或更大社会群体的部分或全部。与群体选择相对的是个体选择。

单倍二倍性（Haplodiploidy）：在蚂蚁和其他一些膜翅目昆虫中发现的一种决定性别的方式。未受精卵发育成雄性后代（为单倍体，只有一套染色体），受精卵发育成雌性后代（为二倍体，有两套染色体）。

雌雄同体（Hermaphroditism）：一个生物体同时具有雄性性器官和雌性性器官。

同族关系（Homology）：由于具有共同祖先，两个或两个以上物种的解剖结构、生理过程或行为模式相似，其后代至少拥有部分相同的基因。

纯合子（Homozygous）：每一个正常细胞中的不同类型染色体总是成对排列，位于某对染色体其中一条染色体上某个位置的多个基因如果完全相同，便可说在该染色体位置上是纯合子。

人性（Human nature）：广义地说，人性指界定人这一物种的所有与生俱来的行为先天倾向。狭义地说是指影响社会行为的先天倾向。

膜翅目昆虫（Hymenoptera）：包括所有蜂、蚁在内的昆虫类动物。

攀婚（Hypergamy）：女性与有相同社会地位或更高社会地位的人联姻。

过度发展（Hypertrophy）：原有结构的极度发展。举例来说，象牙就是牙齿在进化过程中超过原有正常大小、形态而过度发展的结果。在本书中，过度发展特指人类多数社会行为是由原始、简单的反应过度发展而来的。那些原始、简单的反应在采猎社会和原始农业社会具有绝对的适应优势。

假设（Hypothesis）：能进行验证并且经过进一步的观察实验后可能被推翻的设想。按照科学实证的原则，假设很难甚至几乎不可能得到最终验证。不过人们能够彻底地检验假设，使它最终变成共识，但绝不是教条。参见理论（theory）。

个体选择（Individual selection）：有利于个体及其直系后代的自然选择。与之对应的是群体选择。

先天（Innate）：与遗传同义。指个体差异至少部分是由基因差异导致的。

本能（Instinct）：相对固定的行为，比分泌唾液、眨眼等单纯反射行为更复杂，通常由环境中的特定对象触发。本能行为的发展中是否涉及学习尚无定论。重要的是这类行为的发展趋向相当狭窄，并且会产生可预知的结果。由于这一术语在概念上含糊不清，现在几乎不会出现在科技文献中，但它在英语里使用广泛，而且可用于简易地表达相关的概念，因此有必要在此给出一个精确的定义。

亲族选择（Kin selection）：一个或多个个体身上存在某些基因有利于其亲属的生存和繁殖，因为血统相同，这些亲属有可能拥有相同的基因，该族群中这些基因的增长会优于其他基因。亲族选择是利他行为进化为生物特征的一个途径。虽然"亲族"在定义上只指直系后代，但谈及亲族选择时，亲族还包括兄弟姐妹、父母等其他亲属。与之相对的是个体选择。

拉马克学说（Lamarckism）：让·巴蒂斯特·拉马克1809年提出的理论。认为物种的进化是通过生物体将其一生中获得的生理及行为特性直接遗传给后代而实现的。这一理论对生物进化的解释被证明是错误的。取而代之的是达尔文主义，即自然选择进化论。

学习规则（Learning rule）：即使以同样的强度教授两种行为，也只选择学习其中一种行为的先天倾向。用手习惯的形成是学习规则的一个例子：天生是右利手的人很难训练成左利手，反之亦然。

边缘系统（Limbic system）：前脑底部一组互相联系的结构和区域，会影响情绪、动机和学习巩固。主要部分包括视丘下部、嗅脑及海马状突起。

哺乳动物（Mammal）：包括人在内的所有哺乳类动物，其特征是身体上有毛发覆盖，雌性动物的乳腺可分泌乳汁。

成熟过程（Maturation）：动物行为模式的自动发展过程，随着动物变得成熟，行为模式会日趋复杂或精确。与学习不同的是，这种发展不需要经验。

突变（Mutation）：广义而言，是指生物体遗传结构体质的不连续变化。突变可以是基因（DNA 片段）化学结构的改变或是染色体整体数量的变化。

自然选择（Natural selection）：同一族群不同基因类型对生息繁衍下一代产生的不同影响。这种进化机制是由达尔文提出的，故又称为达尔文主义。现代遗传学的各种发现支持并有力地巩固了这一理论。

神经生物学（Neurobiolgry）：研究神经系统解剖结构（神经解剖学）和生理机能（神经生理学）的学科。

神经元（Neuron）：神经细胞，是神经系统的基本单位。

神经生理学（Neurophysiology）：参见神经生物学（neurobiology）。

细胞核（Nucleus）：细胞的中心，其中包含生物体的遗传物质。（基因位于细胞核内的染色体上）。

个体发育（Ontogeny）：单个生物体一生的发育过程。与之相对应的是种族发育。

种族发育（Phylogeny）：特定生物体群落的进化历程，也称"族谱"，显示了物种演变关系（与之相对应的是个体发育）。

生理学（Physiology）：研究生物体及其各个器官、组织和细胞的机能的学科。

多配偶制（Polygamy）：一个个体拥有多个配偶，即可以指一个雄性个体拥有多个雌性配偶（一夫多妻），也可以指一个雌性个体拥有多个雄性配偶（一妻多夫）。

一夫多妻（Polygyny）：一个雄性个体拥有两个或更多雌性配偶。

族群（Population）：能在同时、同地共同生存，且在极大程度上可以杂交繁殖的生物群落。

倾向性学习（Prepared learning）：即使以相同的强度教授两种行为，个体有只学习其中一种行为的先天倾向。举例来说，生来是右利手的人倾向于学习使用右手而排斥学习使用左手，或者需要特别地努力才能学会使用左手。

灵长类动物（Primate）：属于灵长目的哺乳动物，包括狐猴、猴、猿、人等。

互惠利他行为（Reciprocal altruism）：个体之间在不同时间发生的利他行为交换。举例来说，救起了溺水者的人要求（至少是合理希望）自己能在类似的情况下获得对方的救助。

科学唯物主义（Scientific materialism）：认为宇宙间的一切现象，包括人的心灵，都具有物质基础，遵循相同的物理法则，并可通过科学研究为人所认知。

选择（Selection）：参见自然选择（natural selection）。

性别比例（Sex ratio）：族群或社会中雄性与雌性的比例（比如雄性与雌性的比例是2∶1）。

社会性昆虫（Social insect）：昆虫的一种，它们会形成具有生育阶级和劳动阶级的群落；特别指白蚁、蚂蚁、群居蜜蜂、群居黄蜂。

社会性（Sociality）：社会存在的各种特性和过程。

社会（Society）：属于同一物种的个体通过合作组织起来的群体。存在协作性互助交往的群体才称得上是"社会"，而这种交往不只是单纯的繁殖活动。

社会生物学（Sociobiology）：研究所有生物体（包括人类）各种形式社会活动的生物基础。

物种（Species）：由密切相关的生物体或相似的生物体形成的一个或多个族群。族群内的生物体之间通常可以自由交配，但不会同其他族群的成员交配。

分类学（Taxonomy）：研究生物体分类的学科。

地盘（Territory）：一个或一群生物所占据的固定区域。地盘所有者会通过攻击行为或炫耀行为驱逐同物种的其他成员。

理论（Theory）：对某些自然过程的概括性命题，如进化模式、地球各大洲的历史等。它会引出对某些可检验现象的推想（即"假设"）。如果一个理论可以衍生出多个假设，且这些假设经得起检验，同时这个理论对某些现实的解释比与之对立的理论所作的解释更具说服力、更令人信服，那么即可认为这个理论是正确的。

动物学（Zoology）：研究动物的学科。

附录

爱德华·O·威尔逊著作目录

The Meaning of Human Existence
《人类存在的意义》(2014)
Letters to a Young Scientist
《给青年科学家的20封信》(2013)
Why We Are Here: Mobile and the Spirit of a Southern City, with Alex Harris
《我们为什么在这里：莫比尔与一座南方城市的精神》，与亚历克斯·哈里斯合著（2012）
The Social Conquest of Earth
《社会在地球上的胜利》(2012)
The Leafcutter Ants: Civilization by Instinct, with Bert Hölldobler
《切叶蚁：本能的文明》，与贝尔特·荷尔多布勒合著（2011）
Anthill: A Novel
《蚁丘：一部小说》(2010)
Kingdom of Ants: Jose Celestino Mutis and the Dawn of Natural History in the New World, with Jose M. Gomez Duran
《蚂蚁王国：乔瑟·赛里斯提诺·木提斯与新世界中自然史的黎明》，与乔瑟·M·戈麦斯·杜兰合著（2010）
The Superorganism: The Beauty, Elegance, and Strangeness of Insect

Societies, with Bert Hölldobler

《超级有机体·昆虫社会的美丽、优雅和奇妙》，与贝尔特·荷尔多布勒合著（2009）

The Creation: An Appeal to Save Life on Earth

《造物：拯救地球生灵的呼吁》（2006）

Nature Revealed: Selected Writings, 1949–2006

《揭示大自然：1949—2006年文选》，（2006）

From So Simple a Beginning: The Four Great Books of Darwin, first editions reprinted with introductions

《起于简单：达尔文的四本巨著》，初版加序后再版（2005）

Pheidole in the New World: A Hyperdiverse Ant Genus

《新世界的大头蚁属：一种超级多样化的优势蚂蚁属》（2003）

The Future of Life

《生命的未来》（2002）

Biological Diversity: The Oldest Human Heritage

《生物多样性：最古老的人类遗产》（1999）

Consilience: The Unity of Knowledge

《知识大融通》（1998）

In Search of Nature

《探寻大自然》（1996）

Journey to the Ants: A Story of Scientific Exploration, with Bert Holldobler

《蚂蚁的科学探索之旅》，与贝尔特·荷尔多布勒合著（1994）

Naturalist

《博物学家》（1994）；新版（2006）

The Diversity of Life

《生命的多样性》（1992）

The Ants, with Bert Holldobler

《蚂蚁》，与贝尔特·荷尔多布勒合著（1990）；获得1991年普利策非小说类作品奖

Success and Dominance in Ecosystems: The Case of the Social Insects

《社会性昆虫在生态系统中成功与优势》（1990）

Biophilia

《亲生命性》（1984）

Promethean Fire: Reflections on the Origin of the Mind, with Charles J. Lumsden

《普罗米修斯之火：思考心灵之源》，与查尔斯·J·拉姆斯登合著（1983）

Genes, Mind, and Culture: The Coevolutionary Process, with Charles J. Lumsden

《基因、心灵与文化：共演化过程》与查尔斯·J·拉姆斯登合著（1981）

On Human Nature

《论人的本性》（1978）；获得1979年普利策非小说类作品奖

Caste and Ecology in the Social Insects, with George F. Oster

《社会性昆虫中的等级与生态学》，与乔治·F·奥斯特合著（1978）

Sociobiology: The New Synthesis

《社会生物学：新的综合》；新版（2000）

A Primer of Population Biology, with William H. Bossert

《种群生物学初级读本》，与威廉·H·博塞特合著（1971）

The Insect Societies

《昆虫的社会》（1971）

The Theory of Island Biogeography, with Robert H. MacArthur

《岛屿生物地理学理论》，与罗伯特·H·麦克阿瑟合著（1967）